# 政治文化与政治文明书系

主　编：高　建　马德普

# 政治思想与比较政治文化系列

执行主编：刘训练

本书系天津市哲学社会科学规划项目
"汉代儒家国家治理思想及其当代意义研究"
（项目编号：TJZZQN19-001）的最终成果

政治文化与政治文明书系

政治思想与比较政治文化系列

# 儒家传统与共和时刻

## Confucian Tradition and Republican Moment

张舒◎著

天津出版传媒集团

天津人民出版社

**图书在版编目（CIP）数据**

儒家传统与共和时刻 / 张舒著. -- 天津 : 天津人民出版社, 2023.4

（政治文化与政治文明书系. 政治思想与比较政治文化系列）

ISBN 978-7-201-19141-6

Ⅰ. ①儒⋯ Ⅱ. ①张⋯ Ⅲ. ①儒家－政治文化－研究－中国 Ⅳ. ①D092.2②B222.05

中国国家版本馆 CIP 数据核字（2023）第 006777 号

## 儒家传统与共和时刻
RUJIA CHUANTONG YU GONGHE SHIKE

| | | |
|---|---|---|
| 出　　版 | 天津人民出版社 | |
| 出 版 人 | 刘　庆 | |
| 地　　址 | 天津市和平区西康路 35 号康岳大厦 | |
| 邮政编码 | 300051 | |
| 邮购电话 | （022）23332469 | |
| 电子信箱 | reader@tjrmcbs.com | |

| | |
|---|---|
| 策划编辑 | 王　康 |
| 责任编辑 | 佐　拉 |
| 美术编辑 | 卢炀炀 |

| | |
|---|---|
| 印　　刷 | 天津新华印务有限公司 |
| 经　　销 | 新华书店 |
| 开　　本 | 710 毫米 × 1000 毫米　1/16 |
| 印　　张 | 13 |
| 插　　页 | 2 |
| 字　　数 | 220 千字 |
| 版次印次 | 2023 年 4 月第 1 版　2023 年 4 月第 1 次印刷 |
| 定　　价 | 89.00 元 |

# 政治文化与政治文明书系

**天津师范大学政治文化与政治文明建设研究院·天津人民出版社**

## 编 委 会

# 目　　录

# 导　论

## 一、儒家与共和的相维论域

本书旨在探究儒家与共和的关系。甲午战争以后,政体变革成为近代中国主导性政治议程。20 世纪初,辛亥革命终结了延续数千年的君主政治,共和政体由此确立。面对传统中国君主政治的巨大历史惯性,近代中国何以能够相对平稳地转型为共和政体? 民国初年,两次帝制复辟最终均以失败告终,君主政体已然明日黄花。就此而论,民主共和观念何以能在较短时期深入人心? 在近代中国政体转型进程中,作为历史中国基轴的儒家传统,与近代共和政治呈现何种互动? 以上是本书主要讨论的问题。

关于儒家与共和的关系,后世的研究与探讨易受晚清民初两种思潮的影响。其一,晚清民初的孔教思潮。民国初期,康有为主办《不忍》杂志,对共和政体不断予以批评。同时,他将尊孔思想推至极端,并把孔教作为传统儒家的近代转型方案,持续推进孔教运动。他对袁世凯复辟帝制提出批评,然而此后却与军阀张勋拥护溥仪复辟,最终以闹剧收场,很大程度上导致儒学在当时被视为君主政体的护符与顽固保守的象征。其二,新文化运动时期出现的全盘反传统思潮。如胡适提出"打孔家店",再如吴虞将家族制视为君主专制之根据,对儒家传统予以通盘否弃。虽然上述两种思潮有巨大分野,但在思维上却存在一定共通之处,即均将儒家与共和对立化,认为两者是互斥关系。

儒家与共和互斥论笼罩着后世相关领域的研究,形成若干代表性学术范式。其一,启蒙主义-现代化研究范式。其中,近代德国社会理论家马克斯·韦伯的中国学研究最为典型且影响深远。在他看来,儒教的思想品格呈现为一种恭顺主义精神,难以成为现代化的变革动力。① 当代美国学者列文森认为,儒家"君子不器论"内含传统主义品格,与现代世界的理性化及社会分工趋势背道而驰。随着近代中国民族主义的兴起,儒家难免走上被博物馆化的现代命运。② 其二,保守主义研究路径。围绕近代中国的保守主义政治传统,包括巩固政治权威、保存传统秩序、推行渐进式变革路径等议题,宪法学、政治史及思想史等领域对此予以深度呈现。③ 其三,古典主义-现代性反思研究范式,如对康有为与近代儒学关系的再发现。就儒家传统的现代转型而论,康有为将今文经学推向极端,其孔教论的重要价值在于,揭示出儒家传统与君主政体存在的深层二元结构,提示出儒家可不必依附君主制而获得独立发展,如萧公权所论:"康氏最主要的工作是致力使儒学适应现代的需要。"④从政治现代化角度看,他为儒学转型提出一套再制度化方案。⑤

---

① 参见[德]马克斯·韦伯:《中国的宗教:儒教与道教》,康乐、简惠美译,广西师范大学出版社,2010 年。

② 参见[美]约瑟夫·列文森:《儒教中国及其现代命运》,郑大华、任菁译,中国社会科学出版社,2000 年。

③ 相关研究如萧功秦:《危机中的变革:清末现代化过程中的激进与保守》,上海三联书店,1999 年;高全喜:《立宪时刻:论〈清帝逊位诏书〉》,广西师范大学出版社,2011 年;张鸣:《共和中的帝制:民国六年,中国社会的两难选择》,当代中国出版社,2014 年;章永乐:《旧邦新造(1911—1917)》(第二版),北京大学出版社,2016 年等。

④ 萧公权:《康有为思想研究》,中国人民大学出版社,2014 年,第 77 页。

⑤ 关于康有为与近代儒学转型的探讨,相关研究如蒋庆:《公羊学引论》,辽宁教育出版社,1997 年;曾亦:《共和与君主:康有为晚期政治思想研究》,上海人民出版社,2010 年;唐文明:《敷教在宽——康有为孔教思想申论》,中国人民大学出版社,2012 年;干春松:《康有为与儒学的"新世"》,华东师范大学出版社,2015 年。

区别于互斥论研究范式,本书旨在揭示儒家与共和的相维关系。一方面,虽然传统儒家长期处于君主制政体之下,但是在近代共和政治逐步落成之时,传统儒家并非被动适应或排斥共和,而是积极落实和塑造根植于中国传统的共和政治。章太炎等古文经师投身共和革命运动,发挥传统民本思想接引西方共和观念。辛亥革命期间,张謇、梁启超等长期浸润于儒家思想的士人群体由支持君主立宪政体转向民主共和政体。梁启超则更是在民国初年袁世凯复辟、张勋复辟之时两次挺身而出捍卫共和。更为关键的是,孙中山在建构三民主义政治学说时注重吸收古典儒学精义,他的共和政体设计注重会通传统政治要素。在共和时刻,士人群体的共和转向与孙中山等政治家对传统政学精义的吸收转化,折射出儒家并非只是共和政体的批评者,而是在这两者之间存在很强的亲和性。

另一方面,新文化时期,西方现代思潮虽然强力冲击着儒家传统,但亦为儒家转型提供契机。如贺麟先生指出:"五四时代的新文化运动,可以说是促进儒家思想新发展的一个大转机……(从儒家转型方面来看)新文化运动的最大贡献在于破坏和扫除儒家的僵化部分的躯壳的形式末节,及束缚个性的传统腐化部分。"①在现代精神的洗礼下,包括儒学在内的传统学术展现出极强的思想活力。同时,新文化运动呈现多维向度。如学衡派试图挖掘中国传统学术蕴含的人文主义精神,通过会通中西思想以实现传统儒学的现代更新。新文化时期,学术思想领域多元而复杂,全盘反传统思潮只是其中一个方面,且在此后得到很大程度的拨正。

由此而论,儒家与共和呈现出复杂的互动关系。与互斥论认为共和转型造成古今断裂的总体判定不同,本书尝试展开儒学与共和的相维视域,探究儒家传统在近代转型中体现出的能动性及连续性。关于这一论题,既有

---

① 贺麟:《儒家思想的新开展》,《文化与人生》,商务印书馆,2015 年,第 5 页。

研究已有丰厚积累。① 关于中国古代政学传统的近代转型,钱穆先生的诸多思考颇具典范性与开创性。他对孙中山三民主义的历史文化基底予以深度发掘与诠释。在他看来,孙中山五权宪法共和方案尤其是其中的监察权与考试权,颇得中国传统政治精义。② 墨子刻对韦伯式中国学研究予以反思,提出宋明理学内含的变革精神转化为近代中国的变革动力。③ 任锋师揭示出历史中国广大悠久的治体政学传统,聚焦治道、治人与治法三类要素代表的政治原则、政治主体与制度方略的辩证结构,从中辨析政治秩序的体要。依政治思维论,治体论可进一步划分为变革思维与立国思维两种类型,前者以经义为本位,寻求大规模社会变革,体现政治理想主义;后者则以现实为重心,考辨其本末源流的合理性,凸显政治实践品格。这一历史政治学研究展示出历史中国的宪制传统与历代政治立国技艺,提示出近代中国政治转型构成对传统中国政学模式的返本开新、转而益进。④

在此基础上,本书试图展示儒家与共和互动历史进程中的深层性与复杂性,进一步探究儒家与共和的潜在互动空间。研究思路方面,本书区别于文化儒学和政治儒学学术范式。文化儒学致力更新儒家文化以嫁接西方现

① 关于儒家传统古今连续性的谈讨,相关研究如[日]沟口雄三:《中国思想史(宋代至近代)》,龚颖等译,生活·读书·新知三联书店,2014 年;[美]林毓生,《中国意识的危机——"五四"时期激烈的反传统主义》,穆善培译,贵州人民出版社,1988 年;张灏:《梁启超与中国思想的过渡(1890—1907)》,江苏人民出版社,1995 年;张昭军:《儒学近代之境——章太炎儒学思想研究》,社会科学文献出版社,2002 年;王玉华:《多元视野与传统的合理化——章太炎思想的阐释》,中国社会科学出版社,2004 年;章开沅:《离异与回归:传统文化与近代化关系试析》(增订版),中国人民大学出版社,2010 年;黄明同等:《孙中山的儒学情结——中华文化的承传与超越》,社会科学文献出版社,2010 年;彭春凌:《儒学转型与文化新命——以康有为、章太炎为中心(1898—1927)》,北京大学出版社,2014 年;陆胤:《政教存续与文教转型:近代学术史上的张之洞学人圈》,北京大学出版社,2015 年等。

② 参见钱穆:《政学私言》,九州出版社,2010 年。

③ 参见[美]墨子刻:《摆脱困境——新儒学与中国政治文化的演进》,颜世安等译,江苏人民出版社,1996 年。

④ 参见任锋:《中国政学传统中的治体论:基于历史脉络的考察》,《学海》,2017 年第 5 期;任锋:《立国思想家与治体代兴》,中国社会科学出版社,2019 年;任锋:《治体论的思想传统与现代启示》,《政治学研究》,2019 年第 5 期。

代政治,而对中国儒家传统政治则基本上予以通盘否弃。① 本书则认为中国历代传统政治蕴含的宪制要素、政制典章与治理经验等仍具现代价值。政治儒学则试图基于传统经学重新开出整全性的现代政制,以此作为传统儒学的再制度化方案。② 本书则认为儒家传统并未外在于近代中国共和转型的历史进程,而是深刻作用于近代中国共和政治进程,并且已然融入共和政制之中。儒家传统与共和政治存在很强的互适性。

## 二、近代中国的共和时刻

关于儒家传统的概念界定,存在诸多经典分析,主要包括:其一,儒家哲学,如梁启超将儒家哲学界定为以修己安人与内圣外王为内容的人生哲学。③ 再如牟宗三的界定:"儒学尤其是宋明新儒学是依孔子之生命智慧而言个体成德之教。"④其二,儒家思想,意指先秦时期孔子创立并经此后历代儒者传承的思想学说系统。其三,儒家文化,即自西周以来逐渐形成的中国古人的主要人生态度、生活方式及社会风俗。其四,儒家式政治社会秩序,如陈寅恪先生所论:"故二千年来华夏民族所受儒家学说之影响最深最巨者,实在制度法律公私生活之方面。"⑤由此可见,儒家传统这一概念在漫长历史演变之中累积形成整体性且多层次的政治、社会与文化体系,内容方面主要包括亲亲尊尊、仁民爱物、内圣外王、明体达用、经世致用等基本命题。

在众多关于儒家传统的界定中,钱穆先生的概括颇为独到。他将儒家

---

① 关于文化儒学的相关研究,如杜维明:《否极泰来:新轴心时代的儒家资源》,北京大学出版社,2016 年。

② 参见蒋庆:《广论政治儒学》,东方出版社,2014 年。

③ 参见梁启超:《儒家哲学》,中华书局,2015 年,第 3 页。

④ 牟宗三:《心体与性体》(上册),上海古籍出版社,1999 年,第 12 页。

⑤ 陈寅恪:《审查报告三》,载冯友兰:《中国哲学史》,中华书局,2014 年,第 901 页。

置于中国传统政治演进的历史进程中予以把握:"中国传统政治,尚有一端义当阐述,即政治与学术之紧密相融洽是也。中国古代政治之转折点,乃在春秋战国之际,其时自由学者兴起,百家争鸣,并多握得各国政治之实权,由此而贵族政治解体,士人政治代兴。"①春秋时期,礼崩乐坏,孔子兴起社会讲学,以六艺教授弟子,开创儒家学术流派;复兴礼乐,以期拨乱反正,重构政治社会秩序。在经世精神指引下,儒家士人通经致用,跻身政治场域,经纶政治社会秩序。传统时代,儒家历经不同政学形态,主要表现为:春秋至西汉前期,作为诸子学的儒家;西汉中期至晚清,作为王官学的儒家,与之相应,中国古代政治存在君主与士人阶层的政治互动,形成特定的政学相维结构。"中国传统的士人政府,乃使政府成为一士人集团,学术与政治,并无严格区分,而政治常受学术领导。学术命脉则寄托教育上,教育精神则寄放于自由民间。"②钱穆揭示出中国传统政治演进历程,呈现政治与学术、君主政治与儒家传统之间的二元互动,因而儒家传统并非王权或帝制的附属物。在政学互动过程中,传统儒学的制度形态迭经嬗变。春秋至西汉中期,儒家传统的制度形态是诸子学,对应的政治结构是士人议政,典型如秦代的博士制度。西汉中期武帝采纳董仲舒对策,设立五经博士,儒学由诸子学转变为王官学,此后直到清代,儒学基本保持了王官学形态,对应的政治结构是士人政府,即儒家士人主持政务。晚清时期,面对西方的冲击,儒家传统并非被动适应,而是表现出较强的调试能力,深刻影响着中国近代的政体变革进程。儒家转型意味着儒家政学结构的现代转换。辛亥革命之后,儒家传统并未消失,而是融入中国现代的共和政制之中。

---

① 钱穆:《道统与治统》,载氏著:《政学私言》,九州出版社,2011年,第75页。
② 钱穆:《中国历史上的传统政治》,载氏著:《国史新论》,生活·读书·新知三联书店,2012年,第121页。

在对"共和时刻"界定之前，须先概括梳理西方共和传统。① 西方共和传统源远流长，最早可追溯到古希腊亚里士多德的政体学说。"以群众为统治者而能照顾到全邦人民公益的，人们称它为共和政体。"②他将共和理解为结合精英要素和平民要素而成的一种政体。作为政治模式，共和以古罗马最为典范。史家波利比阿对罗马共和的论述影响深远。在他看来，成熟的罗马共和实际上是由元老院、执政官、护民官三种力量构成的混合政体，罗马的强大即源于三种政体要素之间的均衡与配合。③ 历经数千年积累，西方共和主义汇聚形成体大精微的政学传统，主要体现为以亚里士多德、波利比阿、西塞罗、马基雅维利、弥尔顿、哈林顿、孟德斯鸠、卢梭、托克维尔、麦迪逊、汉密尔顿、康德等为代表的思想传统和罗马贵族共和、美国复合共和、法国民主共和等政治经验模式。

19 世纪以后，随着自由主义政治哲学成为西方政治理论的显学，共和传统被自由主义思潮吸纳而逐渐式微。20 世纪中期，英美思想领域出现共和主义思潮复兴，针对当代西方政治社会问题做出回应。如阿伦特反思二战时期极权主义政治的起源，通过激活古典共和主义传统，矫正自由主义现代政治存在的政治冷漠等弊端。④ 再如波考克通过语境主义的研究方法，钩沉出西方古希腊以降的共和主义思想谱系，批判自由主义对商业社会精神的

---

① 当前国内学界关于共和主义的探讨，如陈伟：《试论西方古典共和主义政治哲学的基本理念》，《复旦学报》(社会科学版)，2004 年 5 期；李宏图：《语境·概念·修辞——昆廷·斯金纳与思想史研究》，《世界历史》，2005 年第 4 期；刘擎：《反思共和主义的复兴：一个批判性的考察》，《学术界》，2006 年第 4 期；张凤阳：《共和传统的历史叙事》，《中国社会科学》，2008 年第 4 期；陈伟：《阿伦特与政治的复归》，法律出版社，2008 年；郑戈：《当代西方共和主义政治哲学发展评析》，《南京社会科学》，2012 年第 1 期；刘训练：《共和主义：从古典到当代》，人民出版社，2013 年；彭斌：《共和主义的权力理念分析》，《南京社会科学》，2013 年第 11 期；任剑涛：《论积极公民——共和主义与自由主义的公民定位分析》，《武汉大学学报》(哲学社会科学版)，2014 年第 1 期；姚大志：《佩蒂特与当代共和主义》，《江苏行政学院学报》，2015 年第 4 期等。

② [古希腊]亚里士多德：《政治学》，吴寿彭译，商务印书馆，1965 年，第 136 页。

③ 参见[古罗马]波利比阿：《罗马帝国的崛起》，翁嘉声译，社会科学文献出版社，2013 年。

④ 参见[美]汉娜·阿伦特：《共和的危机》，郑辟瑞译，上海人民出版社，2013 年。

过度推崇,推动复兴共和主义的公民德行。① 当代共和主义思潮加深了学术领域对共和的理解,丰富了当代政治理论。

就本书论题而言,近代共和尤其是美国与法国政体最具典范,对近代中国共和政体转型产生深刻影响。根据萧高彦归纳:"在古典共和主义转变为现代共和主义时,由于思想家强调之重点不同,产生了两种具有紧张性之典范:一为激进的民主共和主义,主张建构被统治者与统治者的同一性,从而使人民成为唯一可能的主权者;另一则为宪政共和主义,强调法治观念以及相应的权力分立宪政体制。"②前者以法国思想家卢梭为代表,后者则以美国联邦主义者麦迪逊、汉密尔顿为代表。两者共通之处在于将人民主权原则作为现代共和政体的基轴,其理论分野则体现出美法两国共和进程的巨大差异。

近代法国共和主义表现出强烈的民主主义基调和激进的革命关切。如卢梭所论:"在一个完美的立法之下,个别的或个人的意志应该是毫无地位的,政府本身的团体意志应该是极其次要的,从而公意或者主权的意志永远应该是主导的,并且是其他一切意志的唯一规范。"③这种构想对于那个时代的欧洲大陆来说深具革命意义。"我认为欧洲的大君主们已经没有多少好日子混下去了,一切都燃烧起来了,而整个燃烧中的国家正在促使他们衰亡。"④大革命前夕的法国王权专横,社会分化严重且局势动荡,政体转型以共和革命的方式展开。法国启蒙思想家赋予共和政体以激进的民主主义内涵。

相比之下,独立战争前夕北美殖民地的政治社会环境则相对稳定。因

---

① 参见[英]J. G. A. 波考克:《德行、商业和历史:18世纪政治思想与历史论辑》,冯克利译,生活·读书·新知三联书店,2012年。

② 萧高彦:《西方共和主义思想史论》,商务印书馆,2016年,第7页。

③ [法]卢梭:《社会契约论》,何兆武译,商务印书馆,2009年,第79页。

④ 同上,第94页。

而近代美国则旨在建构一个均衡而稳定的共和政体。在此,人民主权原则虽然同样是主导性的,但却相对温和。"在组织一个人统治人的政府时,最大困难在于必须先使政府能管理被统治者,然后再使政府管理自身。毫无疑问,依靠人民是对政府的主要控制;但是经验教导人们,必须有辅助性的预防措施。"①在麦迪逊看来,作为政治行动者的人民集体如果时常做政治决断,有可能会影响政治稳定。因而他设计出诸多辅助措施,形成复合共和与权力制衡政制方案。② 可以看出,在相异的历史时空场域中,共和模式表现出不同特点。

由于传统中国长期处于君主政体下,共和政制之于近代中国无疑是舶来品。根据相关研究,"共和"这一汉译概念最早是由近代日本江户幕府末期学者翻译而成。"日本人用中国古典'共和'一词翻译英语 republicanism,其实已经使'共和'的内涵发生根本性改变——从古典的贵族分权、相与和而共政事,变为近代的国家权力机关和国家元首由民众共选的一种国家制度。"③中国古代"共和"一词指西汉司马迁对西周时期厉王出奔后共和行政的论述:"召公、周公二相行政,号曰'共和'。共和十四年,厉王死于彘。太子静长於召公家,二相乃共立之为王,是为宣王。"④在司马迁的理解中,"共和"意指大臣分享统治权的政体形态。近代中国对西方共和政治的认识早于日译共和概念的引入,魏源、徐继畬、郭嵩涛等儒家士人认为,近代西方共和政制与中国古代的尧舜三代之治类似。润鱼师指出:"(西方现代观念)或

———————

① [美]汉密尔顿、杰伊、麦迪逊:《联邦党人文集》,程逢如、在汉、舒逊译,商务印书馆,2013年,第264页。

② 关于近代美国共和政体制度要义的相关分析,参见[美]文森特·奥斯特罗姆:《复合共和制的政治理论》,毛寿龙译,上海三联书店,1999年。

③ 冯天瑜:《新语探源——中西日文化互动与近代汉字术语生成》,中华书局,2004年,第552页。

④ 司马迁:《史记》,中华书局,2011年,第127页。《竹书纪年》将"共和行政"记述为厉王出奔后由共国国君和伯摄行周王之政,与《史记》有出入。

其中的某个部分之所以为人们接纳或抵拒,是因为在相当大程度上,它们已经被'调适'过,即被赋予了接纳或抵拒的正当理由。"①已有研究指出,晚清士人接纳共和的内在理由在于他们基于儒家理想对君主政体进行的政治批判。②

就此而论,晚清士大夫之所以认同共和政治,重要原因是在他们看来,共和并非神秘之物,而是与尧舜三代之治存在相通之处,且这一上古治世不再遥不可及,而是业已在欧美诸国实践。同时,他们感受到晚清现实与共和政治形成强烈反差,更加深了他们的变革呼吁。从表面来看,这类比附论可能意味着近代儒者面临政治积弊以求变革的一种权宜之计。但从深层而言,其中恰好折射出传统儒家政治理念与西方近代共和主义存在某种内在契合。诚如张祥龙先生所论:"(不同文化之间)思想方式的投缘,这种投缘表现为众多差异护持着某种内在的契合。"③政治文化交流亦是如此,正是因为存在着某种内在契合,跨文化接触才能够产生重大而长远的后果。因此,儒家政道传统构成共和政治能够在近代中国落地生根的思想触媒与观念基底。

另外,当代思想史家波考克提出"马基雅维利时刻"这一命题:"肯定共和国,就是打破秩序井然的宇宙的无时间的连续性,把它分解为特殊的时刻:有共和国存在的值得关注的历史时期,和没有它们的存在、因而没有为当下提供价值或权威的历史时期。"④在此,马基雅维利时刻是为共和时刻。文艺复兴时期,公民人文主义传统在意大利北部复苏。"共和时刻"呈现出

---

① 闫润鱼:《观念的调适——民主·科学·自由在近代中国》,中国言实出版社,2004 年,第 3 页。

② 参见唐文明:《摆脱秦政:走向共和的内在理由》,《文史哲》,2018 年第 4 期。

③ 张祥龙:《拒秦兴汉和应对佛教的儒家哲学》,广西师范大学出版社,2012 年,第 152 页。

④ [英]J. G. A.波考克:《马基雅维里时刻:佛罗伦萨政治思想和大西洋共和主义传统》,冯克利、傅乾译,译林出版社,2013 年,第 58 页。

新旧相维的政学意蕴,新生与旧有相互映衬,特殊与普遍相互交织。对于长期处在中世纪基督教及帝国政治秩序的民众而言,公民人文主义共和政治是新鲜事物,而大规模的共和政治却又是曾经存在过的,当时的思想先驱意识到,罗马共和传统不仅是曾经的荣耀,而且是值得向往的典范政体。共和再临既是对古罗马共和国的绍述,也是向着充满无限可能的未知世界的推进。

若将视域切换到近代中国,辛亥革命的发生意味着共和时刻的出现,这与"马基雅维里时刻"异曲同工。换言之,近代中国共和展开的历史进程亦呈现新旧相维之政学意蕴。就晚清中国而论,共和政体无疑是新颖之物,然而对于传统儒家而言,共和政体恰是似曾相识。在宋代以来的传统政治中,复归尧舜三代之治是历代儒者坚持不懈的政治追求,而"尧舜三代可复"则是他们共同的政治信念。共和政体与儒家政道存在深度契合,而儒家传统亦推动着共和政治实现中国化。正如孙中山所言:"共和者,我国治世之神髓,先哲之遗业也。我国民之论古者,莫不倾慕三代之治,不知三代之治实能得共和之神髓而行之者也。"①因此,近代中国共和政体的建立与巩固既是对近代西方共和政治的引进,更是对中国古代天下为公政道理念的复归。

在近代中国大变局中,共和政治的展开呈现多重意蕴。其一,反对君主专制。晚清时期,共和时刻指向政体变革。清代中期君主政体结构的法家化构成晚清政体变革的制度背景,在此背景下,晚清政治变革步履维艰。因而,反对君主专制是为近代共和展开的基本议程。其二,反对部族专制构成近代中国共和革命的重要缘起。典型如章太炎主张光复论,提出排满革命以推翻清廷统治。他的这一思想略显矫枉过正。随着共和革命进程的深化

---

① 孙中山:《与宫崎寅藏平山周的谈话》,《孙中山全集》(第一卷),中华书局,1981 年,第172 ~ 173 页。

推进,孙中山的共和革命论将矛头直指君主政体,提出五族共和从而达成对狭义部族革命的拨转与超越。其三,大一统国家的转型与重构。现代国家建构的重要维度在于权力走向集中。与近代欧美由分权走向集权的国家建构路径不同,传统中国自周秦之变以来即已形成广土众民的中央集权政治,因而近代中国的国家构建意味着大一统国家的现代转型。更为关键的是,由于列强入侵,近代中国内忧外患,面临深重的民族危机,因而构建强力政府以实现国家富强是近代中国共和主义的关键要义。这一要义既是近代中国政治家及思想者的通见共识,亦构成他们政治思想的基本线索。①

随着共和革命在近代中国逐步推进,共和论者的政治关切逐渐清晰,指向推翻专制政治同时终结君主政体。由此浮现出一个重要问题,既然共和政治的在地化意味着共和与传统的相互调适,那么为何近代中国共和政治难以兼融君主这一政体要素? 就西方共和传统而言,共和意味着由多种政体要素混合构成的政治模式,因而理论上不排除内含君主要素的共和政体。典型如孟德斯鸠将近代英国君主立宪认作共和政体。与之相应,民国初期,康有为、劳乃宣等提出虚君共和论,认为这一政体方案既适宜经历数千年君主政治传统的近代中国,同时又能对治政治时弊。相比革除君主政制的激进式共和主张,看似稳健保守的虚君共和方案为何再难重拾世道人心? 其中缘由,既取决于当时的政治情势,也有深层的观念原因。就思想层面而言,与近代英国、日本等国家不同,君主立宪在中国思想传统中难以找到与之相匹配的观念基础。概言之,中国传统政治理念尤其是儒家思想难以或者说从未为建构恒定的君主政体提供正当性证成,间接折射出儒家与共和

---

① 参见[美]本杰明·史华慈:《寻求富强:严复与西方》,叶凤美译,江苏人民出版社,1990年;黄克武:《一个被放弃的选择:梁启超调试思想之研究》,新星出版社,2006年;张朋园:《梁启超与民国政治》,上海三联书店,2013年;茅海建:《戊戌时期康有为、梁启超的思想》,生活·读书·新知三联书店,2021年。

存在的深层亲和与共振。

## 三、研究方法及路径辨析

当代思想史家张灏先生提出中国近代思想的转型时代(1895—1925 年)这一颇具影响的学术命题:"在这个时代,无论是思想知识的传播媒介或者是思想的内容均有突破性的巨变。就前者而言,主要变化有二:一为报刊杂志、新式学校及学会等制度性传播媒介的大量涌现;一为新的社群媒体——知识阶层的出现。至于思想内容的变化,也有两面:文化取向危机与新的思想论域。"①政体变革是贯穿这一时期的主线。其中,政治变革与文化变革相互作用,而作为中国古代文化主导的儒家学说,其内部变动尤为值得关注。因此,本书以转型时代作为主要研究区间,并将近代儒家转型放入更为广阔的中国古代政治与学术传统之中进行探究,聚焦近代儒家与共和的互动展开。

本书主要采用政治哲学与思想史研究方法。在此,观念史还原方法固然重要②,但是主要思想人物的政学论说依然难以绕开。更为关键的是,思想场域中的关键文本既能反映儒家与共和的深层互动,也能豁显两者之间的潜在互动空间,因而需对文本进行再诠释。在具体历史语境中,本书聚焦转型时代的代表性思想家的主要文本,解析他们的学术思想与历史进程之间的交互作用。具体到本书研究,围绕儒家传统与近代政体变革互动这一论题,重点探究康有为、章太炎、张之洞、梁启超与孙中山等政治家的政学论

---

① 张灏:《中国近代思想史的转型时代》,载氏著:《幽暗意识与民主传统》,新星出版社,2006年,第95页。
② 参见桑兵:《走进共和:日记所见政权更替时期亲历者的心路历程(1911—1912)》,北京师范大学出版社,2016年。

说。概括而论,康有为是近代儒家孔教论的创发者及君主立宪变革的引领者,而章太炎则是儒家经学历史化的关键人物及共和革命的引领者,康有为、章太炎分别占据着儒家近代转型遥遥相对的两个极点,他们的思想学说深刻塑造着近代中国的政治进程。张之洞承接晚清汉宋合流的学术传统,在此基础上提出中体西用论,为其引领的新政变革凝聚相对稳固的政治共识,清末新政由此得以顺利开展。然而当清末新政推进到帝制政体层面时,立宪变革却面临深刻的结构困境与思想困境。清末立宪虽然因多重困境戛然而止,但是张之洞的中体西用思维却为儒家传统的近代转型提供了一种颇具启发意义的变革框架。

随着共和革命的深入推进,政治革命逐渐代替民族革命成为主流。儒家民本与共和民权出现共振,儒家传统的天下为公理念成为孙中山三民主义理论的历史政道基础。民国初期,梁启超在反对复辟过程中完成对共和政治的国体化证成。孙中山逐渐探索出政党主导的共和建设路径。他秉持的天下为公政道、五权宪法政体设计与知难行易学说等理论均带有深深的传统儒学基调。

构建比较视野。对应儒家与共和,儒家与君主政体的互动构成这一论题的反题。由于研究主题的宏阔性,因而有必要构建横向比较视野,探析世界近代史中的君主政治变迁,尤其是近代日本君主政体的演变。耐人寻味的是,近代日本明治维新时期,儒学走向衰落,神道思想甚嚣尘上,天皇式君主政体随之逐渐固化。近代日本君主政治的观念基础是神道思想。[①] 这一现象间接投射出儒家传统与君主政治之间存在张力。其实,传统儒学既批判君主独裁专断,更对万世一系式君主政体持根本否定态度。

---

① 参见[日]丸山真男:《日本的思想》,区建英、刘岳兵译,生活·读书·新知三联书店,2009年,第30页。

长时段政治史分析。其一,对清代政体结构予以解析。清廷定鼎中原以来,君主采取一系列政治措施厉行专制,包括设立军机处、裁抑台谏、采用奏折制与大兴文字狱等专制性政治手段。传统君主政体结构彻底法家化,儒家士人政治传统遭到重创,君主政体的制度活力丧失殆尽。法家化君主政体成为清末立宪难以突破的制度瓶颈。在辛亥革命冲击下,清代政权倾覆,君主立宪变革最终失败,儒家传统与君主政治的互动历史至此终结。其二,分析中国传统政学关系的历史变迁。春秋以降的漫长历史中,儒家传统先后历经先秦至西汉的诸子学形态与西汉中期至晚清的王官学形态。在儒家传统的塑造下,政治层面上,传统中国自西汉中期以来形成君主政体与士人政府的互动;社会层面上,传统社会形成以家族为基轴的儒家式社会结构。两宋时期,士人政府与儒家社会发展成熟,儒家传统与君主政体呈现良善互动状态。由于清代君主专制加深,儒家经世精神衰退,王官学儒家出现异化。① 在清代社会领域,儒家元气尚存,主要表现在,学术主导权仍在社会民间,清代中期,乾嘉学派替代官方程朱理学成为主流学术。晚清时期,儒家经世精神复苏,引领政治变革,回应时代变局。辛亥革命以后,共和政体建立,儒家由王官学复归诸子学形态。

儒家传统内含对君主专制的批判精神与公共政道理念构成近代共和政治展开的观念基底。在此意义上,共和既是一个外来事物,同时在儒家传统中具有深厚基础。儒家公共传统是共和政治得以成为清末民初政体选择的思想根源。共和与儒家并非相互排斥,而是能够互补共生。民国时期,儒家与共和的互动曲折展开。儒家士人的经世精神转换为近代知识精英群体的参政议政实践,并形成相应的政治结构。儒家与共和存在广阔的互动空间。儒家传统能够为共和国体的巩固提供厚重而坚实的历史文化基础。随着中

---

① 参见钱穆:《中国近三百年学术史》,九州出版社,2011 年。

西互动的深入展开,中国式共和旧邦新命、不断巩固发展。儒家传统与共和政治的互动持续展开,并不断深化。

# 第一章 清代前期君主政体的重构与危机

清代君主政体的权力结构是理解近代中国政治变革的整体制度背景。在此意义上,清末君主立宪运动的顿挫与共和革命的发生绝非偶然。就政治变迁而论,中国古代虽为君主政治,但在政体方面并非停滞不变,而是存在诸种相互差异的政体结构,而清代政体则是其中特定模式。儒家传统并非君主制的附属品,而是与君主政治存在深刻互动。实际上,如若回归中国历史的内在脉络,则可发现秦代以来的君主政体和儒家传统均存在深刻嬗变。政体层面,清代政治迥异于宋元明三代。关于清代政权性质,20 世纪 80 年代海外学界兴起的"新清史"研究构成对"清政权汉化论"的有力冲击。"新清史"强调正是由于清政权的部族背景才使清帝国得以整合中原与内陆。① 代表人物为美国学者欧立德(Mark C. Elliott),他在关于八旗制度的研究中提出:"清代统治者在入关之前通过八旗制度等相关措施不断塑造自身的政治身份与部族认同,而入关之后清帝国的秩序嬗变亦取决于满洲部族对于自身族群文化的保持与维护。"② 然而细究其实,"新清史"的反汉化论依旧是"清政权汉化论"的翻版,两类研究进路都存在过度诠释满汉族群差异

---

① 参见党为:《美国新清史三十年》,上海人民出版社,2012 年,第 3 页。

② Mark C. Elliott, *The Manchu Way: The Eight Banners and Ethnic Identity in Late Imperial China*, Stanford University Press, Stanford, California, 2001, pp. 1-5.

之局限。有鉴于斯,国内学界近年来形成清代政权多元一统式研究范式,可谓对"新清史"与"汉化论"的双向回应。① 有研究指出,"清朝合法性的建立实际上是对'南宋—晚明'夷夏历史观的一种克服,但绝非另起炉灶式的截然对立"②。因而清史叙事应由"南宋—晚明模式"折返回大一统"汉唐模式",进而超越传统的华夷之辨或现代民族主义研究思维。

多元一统范式虽能有效回应汉化论与新清史,但这一视角遮蔽了清代政治中大量非正统性政体因素,而这些因素并非源于满汉族群差异,而是来自清代政体的结构重组。换言之,清代政权虽然具有正统性,但是在政体层面却含有大量非正统因素,恰如钱穆所论,"清代政治,制度的意义少,而法术的意义多"③。这种非正统性并不源自部族政治,亦很难用"汉唐模式"来概括,因为在传统儒学视域中,大一统政制并不意味着普遍王权可以具有对政治、社会、文化等各个领域的绝对宰制权。在笔者看来,要揭示清代政治的特质,需将之置于政体理论视域中方能收充分展露之效。随着当代政治理论的深化,政体研究逐步克服简化式类型思维,不再仅以统治权力归属这一要素来对政体进行分类,而是将政道理念、政治关系、政体结构与政治过程等变量纳入考量。在这一视域下,清代政治的非正统性因素尤其是康雍乾三朝形成的乾纲独断式君主政体,更类似于传统政治中的法家式君主政体。

本书进一步提出,清代君主制具有"正统政权的非正统性"。正统性是指,虽然清代政治是部族统治,但是统治集团尤其在入关以后积极进行正统性建设,各项统治设施使清王朝有效地转化为传统的中原政权。非正统性

---

① 参见戴逸:《从大清史角度看待刘铭传保台建台的意义》,《学术界》,2006 年第 1 期。

② 杨念群:《何处是"江南"?:清朝正统观的确立与士林精神的变异》,生活·读书·新知三联书店,2010 年,第 10 页。

③ 钱穆:《中国历代政治得失》,生活·读书·新知三联书店,2012 年,第 146 页。

则意味着,与秦汉以来的政治传统相比,清代统治者重构了君主政体,一方面使儒家传统遭受重创,另一方面也使君主政体的制度活力丧失殆尽。清代君主权力的持续扩张导致传统政体发生蜕变,涉及政道理念、政治关系、政体结构与政治过程等方面。清代君主政体重构主要表现在儒家道统观、君相关系、士人政府以及文书系统等方面,导致儒家经世精神与政治社会结构发生蜕变。

## 一、政学关系颠转

儒家道统观涉及政道理念,在传统政治中表现为政治与学术关系,存在政与教(政治与教化)、君与师、道与势等诸多形式。在儒家道统观念的影响下,中国传统政治形成特定的二元权威结构。"道统于师,不统于君,盖自孔子以下,而其局已定矣。"①夏商周三代时期,学在有司,政学合一。春秋时期,王政解体,孔子删定六经,发起社会讲学,开创儒家学派。其后诸子纷起,讲学授徒,形成百家争鸣学术格局。战国时期,士人阶层崛起,参议政事,引领政治变革,基于学术影响时局。秦至汉初,法家与黄老道家先后成为官学,规导其时政治。西汉中期,武帝采纳董仲舒对策,罢黜百家,表彰六艺之学孔子之道,儒家经学成为官学。与此同时,汉廷设立五经博士,为之开设弟子员,普通民众可由习学六经跻身政局。儒家士人群体成为影响传统政治格局的重要力量。

西汉后期,传统政治的政学二元格局基本奠定。政学相维是汉儒的基本共识。以春秋公羊学为例,作为两汉儒学的主要流派,春秋公羊学提出孔

---

① 钱穆:《道统与治统》,载氏著:《政学私言》,第81页。

子素王论。如董仲舒所论："孔子作春秋，先正王而系万事，见素王之文焉。"①孔子虽非王者，但具备王者的才德，因而制作《春秋》以定王政，为后世创制立法。对于经师而言，六经是典章法度，蕴含着恒常政道。汉儒基于经学规导君主权力，参议政务，兴起文教。而武帝尊儒在某种程度上是对这一政学相维格局的认可。儒家传统与君主政治相互作用，维系着传统政治的基本活力。汉政一方面承袭秦制，另一方面经过武帝更化，扬弃法家哲学，尊儒重道，以士人政治取代军功政治，为后世历代传统政治提供范型。

宋明儒学与汉代儒学虽然在学理形态上不尽相同，但是在对政学关系的理解上却是一脉相承。理学道统论发轫于中唐韩愈，集成于南宋朱熹。宋代政治亦为其后中国传统政治提供典范。朱子有论："盖自上古圣神继天立极，而道统之传有自来矣……若吾夫子，则虽不得其位，而所以继往圣、开来学，其功反有贤于尧舜者。"②三代时期，明君贤相传承道统。三代以降，孔子以道为学，开创儒家学统。孔子有德无位却贤于尧舜，意味着道统高于且规约治统。宋明理学政治哲学的主要特点是道统的内在化或心性化。"惟有大人之德，则能格其君心之不正以归于正，而国无不治矣。"③理学家发挥孟子所论格君心之非，提出政治理论的关键在于儒臣依托台谏与经筵等政治制度，规正君主心性，涵养君德，在源头上杜绝恶政发生。可以看出，儒学道统高于君主治统，政治权力须受儒学规约，这是宋明儒家的基本共识。宋明儒学深化了儒家传统与君主政治的二元权威政治秩序。

然而清代政治中政学关系发生根本颠转，君主治统完全凌驾于儒家道统之上。康熙帝宣称："朕惟天生圣贤，作君作师，万世道统之传，即万世治

---

① 班固：《汉书·董仲舒传第二十六》，中华书局，1962 年，第 2509 页。
② 朱熹：《四书章句集注》，中华书局，2016 年，第 14～15 页。
③ 同上，第 291 页。

统之所系也。"①清代君主多自居道统,并以儒师姿态训诫臣民。同时,官方理学则迎合君主的需要,极力证成"君师合一""道统与治统合一"的历史合理性。"自朱子而来,至我皇上,又五百岁,应王者之期,躬圣贤之学,天其殆将复启尧舜之运,而道与治之统复合乎?"②在御用理学家李光地看来,康熙帝已由帝王升格为君师兼备的圣王,甚至已然超越孔子与朱子,实现了其所谓治统与道统合一。帝王自居儒师,这在传统中国是颇为新奇的政治现象。在此以宋代权相秦桧逢迎宋高宗的一则故事为例。"癸酉,秦桧进呈讲筵阙官,因言:'陛下圣学日跻,实难其人。'上曰:'朕学问岂敢望士大夫,但性好读书。'"③可以看出,在宋代政治中,即便如宋高宗这样昏暗的君主都不会恬然以君师自居。道统规约治统是宋代不成文的政治规则。值得注意的是,正统宋明理学从未设想或主张君师合一。然而时至清初,士人群体却少有敢以道统自任,君主反而动辄以儒师身份训诫臣民。由于君权扭曲儒学,程朱理学的功能出现异化。"于是理学道统,遂与朝廷之刀锯鼎镬更施迭使,以为压束社会之利器。于斯时而自负为正学道统,在野如陆陇其,居乡里为一善人,当官职为一循吏,如是而止;在朝如李光地,则论学不免为乡愿,论人不免为回邪。"④程朱理学虽然表面上被清廷抬升为官方哲学,但是事实上已失去对君主权力的规导作用,甚至反而蜕化成为君主专制的意识形态工具。颇具讽刺意味的是,程朱理学"格君心之非"传统在此蜕变为清代君主"格臣心之非"。在野理学家陆陇其等只能活跃于地方基层,而在朝理学家李光地等对皇权极尽迎合。清前期出现两种程朱理学并存的吊诡现象,表

---

① 爱新觉罗·玄烨:《日讲四书解义序》,《圣祖仁皇帝御制文集》,《影印文渊阁四库全书》,别集类,集部二三七,第一二九八册,第 185 页。

② 李光地:《进读书笔录及论说序记杂文序》,《榕村全集》卷之十,《清代诗文集丛编》,一六〇,上海古籍出版社,2010 年,第 173 页。

③ 李心传:《建炎以来系年要录》,中华书局,1988 年,卷一百五十一,第 2431 页。

④ 钱穆:《清儒学案序》,载氏著:《中国学术思想史论丛》(八),生活·读书·新知三联书店,2009 年,第 412 页。

现为民间理学和官方理学之间的巨大差异。雍正帝借助曾静案顺势将以吕留良为正统的民间理学打压成异端,官方理学自此取得对于理学的话语垄断。

清前期政学关系颠转并不等同于儒家士人政治批判意识的丧失,对此应予辨析。当代美国学者狄百瑞认为儒家体系中存在诸多与近代西方启蒙主义政治哲学相契的元素。他将儒家道统论理解为:"它指的是一个人应当从传统中发明新义,并在新的立场上采取批评的态度以攻击当代流行的弊病,提倡改革。"①狄百瑞对宋明儒学道统论的分析颇具启发性,对于纠正西方学术中的"东方专制主义"偏见起到一定作用,但亦存在一定局限。在西学视域中,儒家道统与君主治统的关系被理解成二元式权威对峙关系。沿此思路,儒家与君权的关系很容易使人联想到西方中世纪教会与君主的二元抗衡,然而类似比附并不恰切,反而会凸显儒家传统的政治困境。在宗教方面,与基督教相比,传统儒家的超越性似乎很不充足。在现实层面,儒家士大夫对于君主权力的制衡在历史上留下的多是惨淡记录。实际上,如若复归历史内在脉络,儒家士人的道统担当不仅意味着政治批判,而且还包括更为厚重的经世践履与制度创设。

儒家道统论的基本预设是道在位阶上高于势。正是由于道尊于势,儒家传统揭示出存在着比现实政治秩序更为深层的政道规范。如董仲舒在《贤良对策》中指出:"夫人君莫不欲安存而恶危亡,然而政乱国危者甚众,所任者非其人,而所由者非其道,是以政日以仆灭也。"②任何统治集团均希望政权能够长久持续,然而如果施政不当,致使政治背离常道,那么政权就会面临覆亡风险。在对道政关系的理解上,汉儒与宋儒同条共贯。依宋儒政

① [美]狄百瑞:《中国的自由传统》,李弘祺译,贵州人民出版社,2009 年,第 95 页。
② 班固:《汉书·董仲舒传第二十六》,中华书局,1962 年,第 2499 页。

论,士大夫与君主是合作型治理关系,而基本政治方略主要表现为依托天理常道施行政务。而儒家士大夫经世实践的形上基础正是超越性的政道理念。就此而论,清代政学关系颠转意味着儒家经世传统的义理根基遭到空前破坏。

清代统治者表面上仍以儒家思想为政体价值。然而由于政学关系发生颠转,儒学传统已由政道理念沦为君主维持专制权力的意识形态手段。更为严重的是,道统是儒家士人规约君权与参政议政的价值支撑,而由于道统观念出现变异,儒家士人丧失了规约君权的政道依托。"由于统治者汇聚'治统'与'道统'于一身……传统里'道统'批判政治权威的超越立足点被解消了。"①清代君主通过对儒家道统的侵夺实现对士人群体的统驭。传统儒家以道事君的政体图景蜕变为君主自居道统宰制臣下的政治格局。

伴随道统观的颠覆,君主哲学亦发生变异。相比宋明政治传统推崇的垂拱执要君道观念,清代盛行肆意独断的君主哲学。其中,雍正帝的为君之道可谓是清代君道观念的典型。"因人而施,量材而教。严急者导之以宽和,优柔者济之以刚毅。"②雍正帝俨然一副儒师模样,视臣下如学生弟子,对他们进行谆谆告诫及耐心栽培。更有甚者,他将奏折朱批颁布于世。因为在他看来,这些朱批足可成为儒家士人修身为政的教材,既能为他们提供政治指引,又能对他们予以道德规导。清代君主奉行的为君之道,不再是宋明儒学垂拱正己的君道理念,而主要表现为肆意独断、洞察奸私且独占众理。儒法两家政治哲学在此杂糅为奇特的君主理论。由于清代皇帝兼具君主与师长两重身份,因此士人群体不仅必须服从君主的权力宰制,而且还需接受

① 黄进兴:《清初政权意识形态之探究——政治化的"道统观"》,《思想与学术》,中国大百科全书出版社,2005 年,第 249 页。

② 爱新觉罗·胤禛:《世宗宪皇帝朱批谕旨》(序),《影印文渊阁四库全书》,诏令奏议类,史部一七二,第四一六册,中国台湾商务印书馆,第 2 页。

君主的义理训导。

## 二、君相关系蜕变

在儒家政治传统中,君主虽代表治统,但并不垄断治权。君主将治权分享给士人群体,两者形成合作共治。虽然最高裁决权归于君主,但是理想型君主是垂拱而治,这是传统儒家君主政治哲学的主流。宋儒司马光有论:"臣闻为政有体,治事有要。自古圣帝明王,垂拱无为而天下治者,凡用此道也……是故王者之职,在于量材任人、赏功罚罪而已。"①再如明儒刘宗周所论:"恭己正南面而已矣,言君道尽于此也。舍恭己外,绝无声臭可窥。"②宋明两代,除少数专制君主之外,大部分君主都能够垂拱听政,凭借委任大臣处理政务。宰相是士人政府的主持者,秉持特定的施政纲领,承担政务职责。良善的君相互动关系在宋代政治的实际运行中有着诸多体现。北宋时期,君主通过任用持不同政纲的宰辅从而实现政治方略的转换。庆历新政是以范仲淹为主导的士人政府推行的政治变革,而从熙宁变法到元祐之政则体现着由王安石施政理念到司马光为政理念的转换。

王室与政府的功能划分是传统政治得以良善运行的核心机制。在宰相制度运行上,明清两代往往均被视作君主专制政体,而实际上,明中期内阁制度的完善使相权得到一定程度的恢复。虽然均具行政权力中枢职能,但是清代军机处在权能上却很难与明代内阁等量齐观。在中央政制层面,清代与明代存在很大差异。近年来随着儒家政治理论研究的推进,尤其儒家宪制等相关研究对宋明两代政治公共场域的揭示,为本章探讨清代君主政

---

① 司马光:《体要疏》,《司马光文集》(第三册),四川大学出版社,2010年,第897～898页。
② 刘宗周:《论语学案》,《刘宗周全集》(第一册),浙江古籍出版社,2007年,第487页。

体的制度形态提供了有力参照。① 在比较政治的纵向视野下,清代在政体层面有别于北宋至晚明政治传统,集中表现在中央政制方面。如果说相权在明代遭到了很大破坏,那么在清代则是彻底衰微。

明太祖废除宰相制度,形成君主直辖六部的中枢权力格局,但此后政治变迁偏离了明祖集权初衷。由于明代政治尊儒守文,翰林儒臣被皇权纳入中枢,逐渐形成内阁制度。

"仁宗以杨士奇、杨荣东宫旧臣,升士奇为礼部侍郎兼华盖殿大学士,荣为太常卿兼谨身殿大学士,阁职渐崇。其后士奇、荣等皆迁尚书职,虽居内阁,官必以尚书为尊。景泰中,王文始以左都御史进吏部尚书,入内阁。自后,诰敕房、制敕房俱设中书舍人,六部承奉意旨,靡所不领,而阁权渐重。"②

《明史》记述了明代内阁的发展过程。仁宗时期,杨士奇、杨荣等东宫旧臣进入内阁执掌政务,自此内阁权力渐重。内阁大学士往往兼任六部尚书,通过票拟参与最高政务,实际上使得相权得到部分恢复。另外,明代士人政府并非完全呈现金字塔型权力结构。虽然内阁权重,但是六部、督察院等部门仍然保持着相当大的职权自主,甚至在部院内部主官与从官之间,亦不是严格的上下级关系。如清代史家赵翼指出:"而量能授职,核功过以定黜陟,则惟吏部主之……可见有明一代,用人之权悉由吏部,吏部得人则所用皆正人。"③六部之中,吏部权重。吏部之中文选司掌管职官选任,职权尤为重大,即使吏部尚书也很难完全指令文选司。各部官员重在秉守职分,而不仅是上级指令。"明太祖虽假制度构想了一个专制皇权,但在儒家价值理念浸润

---

① 关于宋明儒家宪制传统的系统探究,参见任锋:《道统与治体:宪制会话的文明启示》,中央编译出版社,2014 年;任文利:《治道的历史之维:明代政治世界中的儒家》,中央编译出版社,2014 年。

② 张廷玉等:《明史》,中华书局,2015 年,志第四十八,职官一,第 1734 页。

③ 赵翼:《廿二史劄记校正》(卷三十三),中华书局,2013 年,第 809～810 页。

颇深的政治、文化土壤之中,并不足以支撑一个如此完备的皇权。"①由此可见,儒家传统士人政府,更多表现为一种分工制衡的政体结构,士人政府构成专断君权的有力制约,因而明代政治在很大程度上并非君主专制。在昭宣治世,君主、内阁与六部之间的权力分工促成当时政清人和的全盛局面。

相比于宋明两代为代表的儒家传统政治,清代君主政体,无论是专制强度,还是专制的连续性,都规模空前。清中期形成的君主专制,与其说源于政权的部族特质,毋宁说是君主制的法家化。在传统政治中,法家式君主政体在政治过程、官僚结构、君臣关系和君主哲学等诸多方面迥异于儒家政治。"雍正时别设军机处,自是内阁权渐轻,军机处权渐重。然军机处依然非相职。"②清代继承明代内阁制度,而雍正时期设立的军机处却将内阁职权架空。众所周知,在传统政治中,历代往往会出现君主内廷侵夺宰相外廷职权的情况,内廷由于近便君主而获得实权,原有外廷职权转移到内廷,其后这一内廷部分逐渐转化为新的外廷部门,从而达到新的制度平衡。明代内阁和清代军机处均带有君主内廷政治扩张的因素,但相比而言,明代内阁很大程度上恢复了传统相权,而清代军机处却仅相当于君主的办事机构。20世纪90年代,美国汉学家白彬菊(Beatrice Bartlett)的相关研究指出,雍正帝为集中君权,创设军机处以实现中枢政治过程秘密化,而军机处在乾嘉时期逐渐成为清代政府的中心权力部门。③乾隆时期四库馆臣对清代君主集权过程有着清晰描述:

"伏考国家旧制,始置内三院,后乃改置内阁以出纳纶音。恭逢列圣膺图,乾纲独握,自增用奏折以后,皆高居紫极,亲御丹毫,在廷之臣,一词莫

---

① 任文利:《明专制政体下儒家士大夫的宪政理念和行宪努力:从刘宗周的末世谏诤看》,《天府新论》,2013 年第 4 期。

② 钱穆:《国史大纲》(修订本),商务印书馆,1996 年,第 834 页。

③ See Beatrice Bartlett, *Monarchs and Ministers: The Grand Council in Mid - Ch'ing China, 1723 - 1820*, University of California Press,1991, p. 17.

赞,即朱批谕旨是也。其题本由内阁票拟者,遇事涉两歧,辄恭缮双签以请,无敢擅专。至于训诰特颁,则指授内直诸臣于禁廷具草,纤微未达圣意者,必御笔涂乙添注,亦罔敢以私意参其间,鉴定之后,降附内阁,宣布中外而已,更无由如前代宰辅假批答以窃威福者。"①

皇太极时期,清廷设立内三院,其后改设内阁作为传达君主旨意的机构,形式上看似恢复了明代的内阁机制,但与明代政治非常不同的是,清代存在着一个异常强大而活跃的皇权,君主独裁代代相承,构成有清一代的祖宗家法。伴随君权对相权的侵夺,君臣关系亦出现蜕变。传统儒学推重君臣相与,主要精神为"君使臣以礼,臣事君以忠"(《论语·八佾》)。君臣虽有位阶的上下之分,但两者关系是相互的,士人尊君与君主礼臣相互维系。礼臣理念在历代政治中体现为诸多政治规则与惯例。然而在清代政治中,礼臣传统出现衰退。清代君主对大臣的态度主要是提防、管控与操纵,即便对军机重臣亦是如此。以张廷玉为例,他历仕康雍乾三朝,久任军机大臣,致仕前获死后配享太庙的荣誉。由于年老体衰,张廷玉没有亲自觐见谢恩,而是由其子代呈谢恩奏折,这件琐事引起乾隆帝严厉呵斥:"伊近在京邸,即使衰病不堪,亦当匍匐申谢,乃陈情能奏请面见,而谢恩则竟不亲赴阙廷。"②此类事例不胜枚举。清代君主动辄便以家长口吻训斥臣下。军机重臣尚且难免因琐事而遭重谴,其他士人的境遇更可想而知。

清代君主依托调整政治过程以达到众权独揽的目的,主要表现为奏折制度的形成。在明代,臣对君进呈的上行官方文书主要是题本和奏本,两者均要由通政司查验之后上呈内阁及君主。清廷在题本奏本之外增加了奏折

---

① 爱新觉罗·胤禛:《世宗宪皇帝上谕内阁提要》,《影印文渊阁四库全书》,诏令奏闻类,史部一七二,第四一四册,中国台湾商务印书馆,第414~2页。
② 清国史馆原编:《清史列传》(二),卷十四,张廷玉,中国台湾明文书局,收在《清代传记丛刊·综合类》,第1035页。

的使用。奏折出现于康熙时期,至雍正时期制度化。与题本奏本不同,奏折在进呈程序上并不需要经过通政司等中间环节,而是直接呈递君主。君主在奏折上批改后成为谕旨,即具体的政治指令,分发给相关大臣。题本仍然存在,而内阁票拟则成为君主的参考意见。君主训诰等政令,则由内廷大臣严格依照皇帝意志拟定,内阁在此仅是宣示君主意志的传达机构。细究其实,奏折是君臣之间的私密通信,最初仅被用于处理君臣之间的私人事务,康熙时期只有很少一部分官员具有向皇帝呈递奏折的资格。雍正帝将具备进呈奏折资格的官员范围扩大化,奏折内容亦逐渐涵盖具体政务、政治情报、揭发检举、私人事务等各个方面。对于奏折的推广实行,雍正帝曾明确宣布其中的政治用意:"是以内外臣工,皆令其具折奏事,以广谘诹,其中确有可采者,即见诸施行,而介在两可者,则或敕交部议,或密谕督抚酌夺奏闻。其有应指示开导及戒勉惩儆者,则因彼之敷陈,发朕之训谕。"①

从表面来看,雍正帝完善奏折制度的目的在于广泛听取臣下的政务建议,同时便于君主意志贯彻下行。就深层而论,君主则旨在通过奏折制度以便实现对官僚机器的全面掌控。奏折并未经由制度化而走向公共政治议程,在雍正帝推行的包括颁发封套、折匣等一系列措施下,政务过程的秘密性反而得到极大增强。奏折制度化使其取代题本奏本而变成清代主要的官方上行文书。对于君相关系而言,内阁被军机处替代,而原本能够发挥明代内阁职能的军机处却被奏折制度基本屏蔽于政务过程之外,六部等中央部门则沦为奉旨办差的行政执行机构。

政治过程是衡量政体模式的重要指标。当代英国政治理论家芬纳指出:"政体类型和典型的决策过程之间有一种大致的一对一的关系。"②换言

---

① 爱新觉罗·胤禛:《世宗宪皇帝朱批谕旨》,《影印文渊阁四库全书》,诏令奏闻类,史部一七四,第四一六册,中国台湾商务印书馆,第416~1页。

② [英]芬纳:《统治史》(卷一),马百亮、王震译,华东师范大学出版社,2010年,第29页。

之,政体类型会因政治过程的不同而千差万别。因此,同样为君主政体,但宋明与清代在政治过程层面存在明显差异,主要表现为政治过程在清代逐渐私密化。奏折在雍正时期成为主要官方文书,折射出清代政治过程的基本特征。清代君主政体重构表现为君权的持续扩张,而主要手段便是创建奏折制度。君主凭借这一机制实现独揽万机,同时完成对士人政府的全面掌控。奏折的出现意味着政治过程变异,并引发连锁制度效应,政治关系与结构随之俱变,最终导致传统政体的整体变异。

　　奏折制度致使士人政治结构发生变异。清代君主一方面通过奏折批语将权力意志直达臣下,而另一方面则严防臣下预知朱批内容,同时严禁大臣之间进行横向联络。如乾隆时期出现的跨地区性叫魂案中,地方督抚由于相互之间的信息隔绝而做出许多盲目悖理的政治决策。"督抚官僚与在北京的部级官员一样,可以并被要求同皇帝直接并秘密地联络……谁都无法知道邻省的督抚向皇帝报告了什么。"①在此政治情势下,士人无法获知其他臣僚的政治讯息,其行动在很大程度上处于茫然而孤立的状态。同时,奏折亦成为君主监控群臣的重要手段。"到处分布着密折人员,作为耳目,彼此监视,上下牵制。"②在奏折制度影响下,大臣之间的横向联系被切断,士人政治结构原子化。最终,儒臣由积极能动的治理主体蜕化成为消极自保的政治个体。关于清代中央政制的恶化,清儒龚自珍的论述可谓切中时弊:

　　　　依中书愚见,姑且依雍正中故事,六部专办六部之事,内阁办丝纶出内之事,停止六部送军机处,其由军机中书升任部员后,不得奏留该初,立饬回部当差。如此,庶变而不离其宗,渐复本原,渐符名实。③

---

① 〔美〕孔飞力:《叫魂:1768 年中国妖术大恐慌》,陈兼、刘昶译,上海三联书店,2014 年,第158~160 页。

② 杨启樵:《雍正帝及其密折制度研究》(增订本),岳麓书社,2014 年,第 173 页。

③ 参见龚自珍:《上大学士书》,《龚自珍全集》,上海人民出版社,1975 年,第 323~324 页。

"雍正中故事"在此指雍正初期未设立军机处之前中枢政治运行状态。龚自珍认为军机处原本是雍正中期因非常规事务而出现的政治措施，此后成为常设机构的军机处侵夺了内阁职权，而奏折的常态化则会对原有的政令系统造成扰乱。因此，他建议清廷恢复到雍正中期以前的政治格局，而他的论述则颇得明代士人政府分工制衡的制度精义。当然，"雍正中故事"更多出自龚自珍的建构，其实雍正之前的清代君主仍然异常专断。龚氏以一种委婉曲折的方式表达其对君主独裁的批评。在君主总揽治权局面下，龚自珍的制度改革设想显然很难付诸实施。政治过程的改变带来的是政治结构的变化，分工制衡的权力格局不复存在。

宋明两代，大部分君主基本能够做到倚重大臣处理政务。清代君主不但不会与重臣分有治权，反而对臣下进行严加管控。清代重臣张廷玉历仕康雍乾三朝，久任军机大臣，但仕途生涯晚期却险些因被怀疑邀誉结党而获罪。乾隆帝猜疑张廷玉与军机处某位大臣有私情，因而对张廷玉严加斥责："大臣等分门别户，衣钵相传，此岂盛世所有之事。我大清乾纲坐揽，朕临御至今十有四年，事无大小，何一不出自朕衷独断？ 即月选一县令，未有不详加甄别者，宁有大学士一官而不慎重详审，听其援置私人乎？"①

乾隆帝的这封上谕反映出清代君主政体的运行常态。皇帝治权统揽，以至于类似县令任命这类基层政治事务都在其监控之下。同时，君主时刻对军机处内可能存在的大臣之间相互联络保持高度警觉。众权独握的皇帝周围，是一群战战兢兢的军机大臣。军机大臣自保禄位尚且不易，发挥宰辅职能的可能性更是微乎其微。如道光时期，军机大臣曹振镛在皇帝面前奉行"少说话、多磕头"的为官哲学以确保自身政治安全。宰辅由积极的为政

---

① 清国史馆原编：《清史列传》（二）（卷十四），张廷玉，收在《清代传记丛刊·综合类》，第 97 ~ 557 页。

主体变成消极自保的官僚。清代君主刻意塑造一种君父与臣子式的尊卑状态，将传统儒学秉持的君臣相与转变成君主臣奴的依附关系。

在君臣关系上，清代君主政体与传统法家哲学是高度契合的。韩非子指出："人主之患在于信人，信人则制于人。人臣之于其君，非有骨肉之亲也，缚于势而不得不事也。"①君臣之间并不是相互信任的共治者，而是异常紧张的权力博弈者。根深蒂固的法家化君臣关系是清末立宪运动困境重重的制度远因，皇室并不信任大臣，以至不得不将权力交付由皇族亲贵组成的责任内阁，而皇族内阁的出现则成为清末立宪运动夭折的直接原因。

## 三、士人政治衰退

西汉中期以降，儒家士人政治传统积累形成了复杂的制度体系，主要包括宰辅、台谏和职官选任等，这些政治机制与君主政体之间存在紧密互动。士人政府形成于西汉中期，经千余年制度演进，至北宋时期发展成熟。与科层式官僚组织不同，士人政府结构之内存在复杂权力互动。宋代文治政府是中国传统政治的典范形态。关于宋代政体结构，如宋仁宗所述："屡有人言朕少断。非不欲处分，盖缘国家动有祖宗故事，苟或出令，未合宪度，便成过失。以此须经大臣论议而行，台谏官见有未便，但言来，不惮追改也。"②仁宗之论集中反映出文治政府成熟时期的运行架构。其中，君权更多的是处于消极垂拱状态，宰辅设置具体的政治议程，台谏掌握封驳弹劾权。更为重要的是，在士大夫与君主的权力互动中，宋代政治形成一系列稳定的政治典范，包括祖宗故事、纪纲法度、皇极、国是、公论等，这些制度规则规约着君主

---

① 王先慎：《韩非子集解》，中华书局，1998 年，第 122 页。
② 朱熹：《三朝名臣言行录》，朱杰人等编：《朱子全书》（第十二册），上海古籍出版社、安徽教育出版社，2002 年，第 686 页。

政体的权力运行。当然,最高的政治裁断权仍然属于君主,但是君主与士人共治的基本框架却被坚实奠定。元代享国之日短,士人政府虽受冲击,但元气尚在。明代由于君主集权及宦官政治,士人政治遭到很大破坏,不过仍然能够发挥相当大的作用。然而清代皇权持续进行法家化重构,在此过程中,随着道统论异化及相权衰微,士人政治急剧恶化,儒家政治传统遭到重创。

在儒家士人政治传统中,台谏系统发挥的作用不可或缺。台谏是台官和谏官的合称,台官主要掌管针对百官的监察权,而谏官则主要负责匡正天子的过失。相关研究指出:"除了君主,宋代中枢权力结构,按其性质、功能可划分为三个官僚圈:即位居中书门下与三省二府之长的宰执圈,包括给事中、中书舍人在内的侍从圈,由御史、谏官构成的台谏圈。"①与前代显著不同的是,宋代真宗之后,台官与谏官实现形式上的合流,并且台谏系统脱离宰执系统而成为独立的职权部门。在宋代成熟的士人政治框架中,作为言官的台谏最重要的政治职能是监察弹劾和议政封驳。君权、相权与台谏三大政治系统之间形成复杂的权力互动关系,由此奠定宋代成熟的文治政府规模。关于君主与台谏之间的规范关系,司马光《潜虚》书中有论:"天为刚矣,不逆四时。君为刚矣,不却嘉谋。"②他在此将君道类比天道,如同天道不妨四时运转,君主亦应从谏如流。台谏系统的良善运行需以君主虚心纳谏为条件。如果君主师心自用、强横专断,那么台谏很难正常发挥功能。

明代台谏系统以督察院和六科给事中为主要部门。明太祖废除宰相之后,为避免六部权力过大,于是对应六部分别设置六科给事中行使监察权。明代台谏的制度立意很大程度上是为了纠察百官以强化君权,但此后台谏的职权范围很快恢复到同时针对君权和宰辅两大系统。针对宰辅方面,如

---

① 虞云国:《宋代台谏制度研究》,上海人民出版社,2014 年,第 85 页。
② 司马光:《潜虚》,王云五主编:《丛书集成初编》,商务印书馆,1936 年,第 7 页。

台谏杨继盛对权臣严嵩的严厉弹劾,极大震慑了这位权相的势焰。针对君权方面,台谏多次对明世宗的寻仙问道行为做出谏诤,致使其在相关问题上有所收敛。其中,名臣海瑞对世宗消极怠政的犯颜直谏,更彰显出士人群体的议政自觉及台谏官员的政治风骨。这些事例均可反映出明代台谏系统的活跃与士大夫的政治主体意识自觉。

清初台谏系统沿袭了明代以督察院和六科给事中为主的机构设置,但是政治职能发挥却难以与宋明两代同日而语。在清初皇权肆意扩张的制度背景下,台谏自然是君权的重点规治对象。雍正元年,六科给事中被并入督察院,出现"科道合一"。至此,六科给事中对中枢政令的封驳权名存实亡,而督察院针对百官的监察权亦屡受皇权打压。雍正四年,御史谢济世参劾河南巡抚田文镜,雍正帝认为田氏秉公持正,而将谢氏严加治罪,并在谕旨中严厉斥责御史的风闻言事。御史监察受到皇帝主观偏好的强烈干扰。乾隆初年,给事中曹一士上疏请求恢复六科给事中旧制:

"逮明初始分六科,以省知六部之事,而纠其弊误,时罢门下省不设,而六科独主封驳,以补阙拾遗。虽与御史同为言官,而御史职在监察百司,故居于外。六科职在宣行制敕,故居于内,所以重王言、尊国体,内外秩然不可易也。"①

他在此指出,明代六科给事中发挥的职能相当于唐代门下省,因而应切实享有封驳权,以便规约皇帝及中枢政治。而雍正时期科道合一意味着御史与台谏职权合并,造成六科给事中失去独立的议政权,进而导致士人政府丧失调节机制。因此,曹一士建议恢复六科给事中制度,然而他的奏折并未获得乾隆帝采纳。相较而论,明代六科给事中发挥的职能实际上相当于唐

①　曹一士:《请复六科旧制》,《四焉斋文集》(卷二),《四库全书存目丛书》,集部第二七五册,齐鲁书社,1997年,第458页。

34 / 儒家传统与共和时刻

代三省六部制中的门下省,针对皇帝及内阁的中枢政令享有封驳权。然而清代的"科道合一"使六科给事中失去封驳权。有论者将奏折制度视为台谏的替代,并依此认为清代官员的言路有所拓展,这其中存在认识误区。台谏系统掌握的是制度化的公共权力,并不仅仅是上呈君主可有可无的对策建议,而奏折制度则是以君臣之间私人通信代替了公开的政府过程。事实上,台谏系统封驳功能的丧失与奏折制度的推行密切相关,原因在于,台谏能够行使封驳权的前提是政令公开,但由于奏折的私密性质,台谏系统很难获知奏折内容,而清代雍正以后重要的政治议程往往是在君臣间的奏折与朱批之中进行的,台谏系统基本上处于政治议程之外。同样的,奏折制与台官弹劾权在性质上完全不同,弹劾权是正式的公共权力,而奏折制带来的却是官员之间时常发生的告发检举。即使从言路来看,清代具备上书言事资格的官民范围亦比明代大幅缩减。因此,清代奏折制度的推行,既难以带来言路的扩大,也无法替代台谏系统的政治职能。虽然清代君主不时会令臣僚上书言事,但是这类政治姿态很难替代台谏职能。清代君主师心自用且往往独断专行,导致台谏难以有效发挥政治功能。君主权力意志横行无阻,在此情形下,士人政治机制难以纠正随时可能出现的政策偏差。台谏职权萎缩意味着士人政府丧失自我调节机制,传统政体由君臣共治蜕变为君主独治结构。

选士机制是士人政府得以正常运行的制度保障。士人政府是复杂的政治系统,联系着王室与社会。隋唐以降,社会主要通过科举向政府输送人才,科举考试成为政府最重要的士人选拔机制。尽管清代基本上沿袭了明代的科举制度,但是与明代不同的是,清廷对待参加科举的考生异常严酷。史家孟森指出:"凡汲引人材,从古无有以刀锯斧钺随其后者……至清代乃兴科场大案,草菅人命,甚至弟兄叔侄,连坐而同科,罪有甚于大逆。无非重加其罔民之力,束缚而驰骤之。"①

　　顺治年间,清廷屡兴科举大狱,这些案件往往因考生舞弊贿赂而起,受贿考官及舞弊考生理应受到惩处,但是清廷的惩处手段极其严酷,而且案件波及范围极大。涉案考官及考生多被处以极刑,家产被查没,家属多被发配到边疆为官奴。相比之下,明代虽然也有诸多科举弊案,但是明廷对涉案考官及士人的处置则是量罪而刑,少有涉案士人被处以极刑之事。如明代弘治年间,大学士程敏政担任会试总裁官因泄露试题获罪,江南考生唐寅受到牵连,程敏政最终仅被贬官为吏,唐寅则未被查办深究。而清代频出的科举重案造成选士气氛异常紧张,士人未正式进入政府之前便会感受到严酷的政治风气。

　　朋党是历代政权都难以回避的政治现象。对于朋党问题,孔子所坚持的"君子群而不党"(《论语·卫灵公》)代表了儒家基本态度。儒家传统虽然对朋党保持戒惧,但也会因具体时代环境的变化做出调试。宋代士人政治高度发达,士大夫常会因政见差异而分化成党,宋明儒学对于朋党的认知是非常微妙的,最典型的是北宋欧阳修的论述:"君子以同道为朋,小人以同利为朋,此自然之理也……盖君子之朋,虽多而不厌故也。故为君但当退小人之伪朋,用君子之真朋,则天下治矣。"②欧阳修将朋党分类为君子党和小人党,两者的区别在于,君子党以天下公义为纽带,而小人党则是以个人私利为目的,君主对朋党应辨别其具体属性。君子因公义结党是正当的,君主对君子型朋党不必猜防。实际上,士人政府不同于官僚组织。官僚政治的要义在于,行政官僚对于明晰的法律条文加以贯彻执行。相比之下,儒家传统中的士人政府并不是君主意志的执行机构,而是在士人政府内部存在积

---

① 孟森:《科场案》,载氏著:《心史丛刊》,中华书局,2006 年,第 34 页。
② 脱脱等:《宋史》(第 30 册),中华书局,1977 年,卷三百一十九,列传第七十八,第 10376 页。

极的议政空间。士大夫之间的横向联系与君臣之间的纵向联系,两者交织成为复杂的关系网络。显然,为保持统治的有效性,君主需要防范来自恶性党争与权臣篡位的风险,但是以道义为纽带的士大夫之间的良性结党,对士人政治的运行则是有益的。然而在清代政治中,士大夫之间的横向联系网络却遭到严重破坏。雍正帝的《御制朋党论》向士大夫严示朋党之戒:"朕惟天尊地卑,而君臣之分定。为人臣者义当惟知有君,惟知有君则其情固结不可解,而能与君同好恶,夫是之谓一德一心而上下交。乃有心怀二三,不能与君同好恶,以至于上下之情暌,而尊卑之分逆,则皆朋党之习为之害也。夫人君之好恶,惟求其至公而已矣。"①

　　清代君主往往自视为至公的唯一代表,而士大夫之间的任何横向联系均被视作结党谋私。在这种形势下,士大夫群体出现严重的原子化,这种统治哲学深度契合法家思想。"下众而上寡,寡不胜众者,言君不足以遍知臣也,故因人以知人。"(《韩非子·难三》)君主运用法与术进而造成某种微妙的政治态势,在此状态下,士人群体内部的横向联系既在制度上难以实现,亦在义理上不具正当性。在奏折制度影响下,士人之间相互严加提防,而清代君主则通过最低的制度成本获得最高程度的统治安全,代价则是士人政府与君主政体的制度活力严重衰退。

## 四、儒家经世精神遁隐

　　秦汉以来,儒家传统在结构上主要包括政治和社会两个层面,前者以士人政府为中心,后者是以宗族为基轴,儒家士人阶层则是政治与社会的联系纽带。清代高度法家化的君主政体摧折着儒家士人政府,亦对传统社会产

---

① 《大清世宗宪(雍正)皇帝实录》(一),中国台湾华文书局,卷二十二,第343页。

生强烈的渗透挤压效应。王汎森的相关研究提出："清代文字狱所导致的政治压力对各方面产生一种无所不到的毛细管作用,尤其是自我禁抑的部分,其影响恐怕还远超过公开禁制的部分。"①由此可见,清廷厉行文化专制远非文字狱现象的全部。文字狱所造成的恶劣影响,除了表面的传统学人的智识压抑之外,更为严重的是造成一种潜在而恐怖的压制势态。清代法家化皇权的持续扩张,致使传统社会面临来自君权的强大整合和渗透压力。儒家士人政治经世精神遁隐到学术考据层面。

北宋以来,传统社会逐渐形成书院讲学传统,这是宋代儒学得以转承汉唐而走向兴盛的关键条件。其中最显著例证为程朱理学。理学并非是宋代的官方哲学,而是由士大夫在社会讲学形成的一种儒学形态。清廷对儒家社会自发讲学传统极为警惕提防。顺治帝订立《训士卧碑文》,为此后清廷的士人政策奠定基调:"生员不许纠党多人,立盟结社,把持官府,武断乡曲;所作文字,不许妄行刊刻,违者听提调官治罪。"②在这种态势下,士大夫自由讲学与政治结社是深具风险的行动。与此同时,清廷将全国主要书院收归官办,试图通过官方强力完成对社会自发力量的整合。有清一代,书院虽然数量众多,但是已经很难成为儒家学术创新与讲学议政的场所。宋明儒学的讲学传统转变为清代儒学的考据著述。以至戊戌变法时期,维新派士人皮锡瑞在讲学湖南时为儒家讲学正名,提倡恢复儒家社会自发讲学传统:"纪文达公著论,深以讲学为非,谓只宜著书,不宜讲学。从此以后,儒者以讲学为讳。今人忽闻讲学,必以为怪。不知百年以前,讲学通行,并非惊世骇俗之事。"③湖南在晚清时期尚属士风开化之地,而儒家士人讲学议政在当

---

① 王汎森:《权力的毛细管作用:清代的思想、学术与心态》,中国台湾联经出版事业股份有限公司,2013 年,第 393 页。

② 爱新觉罗·福临:《御制卧碑》,吴明哲主编:《温州历代碑刻二集》(下),《温州文献丛书》(第一辑),上海社会科学院出版社,2006 年,第 705 页。

③ 皮锡瑞:《南学会讲义》,《师伏堂丛书》(第 16 册),凤凰出版社,2014 年,第 325 页。

时仍属开新风气之举,其他地区政治文化的衰颓局面可想而知。皮锡瑞在此将清代讲学禁忌归因于纪昀引领的乾嘉学风,其深层则透露出清廷长期以来对士人讲学传统的遏制与打压。

在清代君主政体的强力渗透整合作用下,儒家士人的经世精神遁隐到训诂考据学术之中。面对清廷的政治高压,乾嘉学派不得不采取曲折隐晦的方式表达儒家经世精神。值得注意的是,乾嘉朴学逐渐取代理学成为当时显学,反映出当时儒家尚存相当程度的自主力量,亦透射出儒家传统在社会层面尚存有一定元气。北宋以来,历代儒家士人在家礼及宗族建设基础上,注重兴办社会事业,如义庄、乡约、社仓和书院等。在这些制度设施的塑造下,传统社会积累深厚的社会资本。因而虽然专制君权在清代尤为强烈,但是社会结构并未原子化,而是存有一定元气。正因如此,晚清时期面临严重的内忧外患,曾国藩等儒家士人能够借助宗族网络,迅速兴起团练,组织湘军等政治力量应对内外危机。而由于深厚的儒家传统及社会活力,甲午战争前后,维新派与革命派才能依托社会力量进行政体变革,探索推动中国的近代转型。

## 五、传统君主政治的危机

18 世纪初期,历经几代君主的努力,清代政权的正统性建设基本完成。正统性问题一直是传统政治的重要议题,涉及古代政权的合法性,尤其关涉儒家士人的政治认同。儒家传统对于正统性问题的思考源远流长且纷繁复杂,如汉儒的秦政批判、宋儒司马光对三国时期魏蜀正统性的辨析、宋儒朱熹与陈亮围绕汉唐政治而展开的王霸之辩等。关于传统政治的正统性议题,孟森的论述颇具代表性:"三代以下,名为禅让,实乃篡夺,得国惟以革命为正大。"①关于正统性问题,传统儒家首要注重权力来源,其次为权力运行状态。在权力来源层面,传统儒家将尧舜禅让和汤武革命视为典范。秦汉以后,禅让政治徒有其表,因而朝代之间正常政权转移就表现为顺天应人式武力革命。权力运行层面,传统儒家主要从政治统治的良善性和有效性着眼,前者主要指政治统治应推行礼乐与仁政,后者则指政权的政治规模与统治效能。如汉儒陆贾劝谏高祖不能"于马上治天下",意指政治统治不应仅凭军事强力,而是应构建文治政府、兴起礼乐文教与推行仁政,如此方能实现天下长治久安。

清代政治的正统性复杂且微妙,对当时许多士人而言,清廷统治意味着异族政权入主中原,部分晚明遗老更是拒不承认清廷统治的合法性。面对这一政治困局,清代前期历代君主均能积极推进政治文化建设,这些措施最终取得很大成效,使得清廷得以转化成为正统政权。顺治元年五月,清军攻入北京,统治集团软硬兼施,如摄政王多尔衮谕:"我虽敌国,深用悯伤。今令官民人等,为崇祯帝服丧三日,以展舆情。"②清廷为崇祯帝发丧,同时将而清军入关被解释为王者之师救民于水火,这些措施在一定程度上利于安定民心和恢复政治秩序。康熙时期,清廷将程朱理学尊为官方哲学,标榜儒家文治、兴起社会教化。雍正帝则通过一系列措施推进正统性建设,在审定曾静案之后,颁示天下《大义觉迷录》。这份文件是理解清代政治正统性的代表文本。如雍正帝所述:"盖生民之道,惟有德者可为天下君。此天下一家,万物一体,自古迄今,万世不易之常经……不知本朝之为满洲,犹中国之有籍贯。舜为东夷之人,文王为西夷之人,曾何损于圣德乎……自我朝入主东土,君临天下,并蒙古极边诸部落,俱归版图……为臣下之道,当奉君如父

---

① 孟森:《明清史讲义》,中华书局,1981 年,第 21 页。
② 《大清世祖章(顺治)皇帝实录》(一),卷五,中国台湾华文书局,第 52 页。

母。如为子之人,其父母即待以不慈,尚不可以疾怨忤逆。"①

在此可以看出,清代统治集团已熟练运用儒家天命民本理论来解释明清之际的政权转移。而在华夷之辨的问题上,清廷的处理方式非常成熟,即将华夷之分定位为地域差异,而不是族群血统差异,可以看出清廷已经转化为正统的中原政权。更为关键的是,清代疆域空前广大,人口持续增长且社会秩序长期保持稳定。乾隆时期,清廷的正统性建设基本完成。政权的部族性、高专制强度、超大政治规模与政治稳定等因素交织叠加,使清代政体呈现复杂面向。一方面,清廷有效推进正统性建设,而在另一方面,清代政体结构的高度法家化使这种正统性之中包含大量非正统性的制度要素。超大规模的大一统政治与儒家传统士人政府并不是对立关系。然而清代统治集团没能做到两者兼顾。

虽然清代政权正统性建设成效显著,但却不能抵消政体中非正统性因素带来的深远消极影响。随着清代政体重构的完成,皇帝实现对士人政治的全面把控。在这种态势下,君权肆意独断,宰辅重臣无法积极作为,台谏难以展开独立监察,更罕有建设性的政治批评。伴随儒家士人政治衰退,传统政治面临总体性制度危机。清代政体缺乏应对整体环境变化的适应能力与调整能力,这一政治格局深刻影响着晚清时期的近代化历程。19世纪后期,列强交侵、内忧外患,然而由于君权高度集中,政体僵化积重难返,因而改良式政治变革难有成效,政治近代化步履维艰。

---

① 雍正帝:《大义觉迷录》,中国台湾文海出版社,收在《近代中国史料丛刊》(第三十六辑),第1~10页。

# 第二章　近代孔教论建构及其政学效应

19 世纪末,近代中国政治转型曲折展开,其中儒家传统与政体变革之间存在深刻互动。一方面,晚清部分开明儒家士人探索推进政治变革,应对当时面临的深刻政治危机;另一方面,近代中国政治转型反作用于儒家传统,使得儒家传统的学理形态和政治结构发生巨变。本书接下来将分别以康有为、章太炎、张之洞和孙中山政治思想为研究对象,展开分析儒家传统与近代中国政体变革的相互作用。之所以选择这几位人物作为研究焦点,既是因为他们在近代中国思想史中所处的关键地位,亦在于他们关于近代中国的政治现代化及儒家的现代转型等时代议题的思考深具典范意义。他们的政学实践透射出儒家传统与近代政治转型的诸种互动模式。通过对这几种模式的分析比较,探讨儒家传统与君主立宪、民主共和两大政体变革历史进程的互动得失。

激进与保守是分析转型时代(1895—1925 年)政治思想人物的经典框架。依此而论,康有为和章太炎早期均属激进的变革主义者,而辛亥革命后则转向保守,表现为他们对中国传统政治文化秉持保守立场。近年来随着近代中国思想史研究的推进,尤其是大陆新儒学研究的持续推进,相关研究领域逐渐聚焦康有为、章太炎等思想人物的保守主义论思及对现代儒学重建的启示意义。

在此应指出的是,激进与保守诠释路径存在一定视域局限。如预设康有为与章太炎的政治思想在民国时期出现保守转向,这在很大程度上会遮蔽两家思想学说变动之中的不变之处,如康有为的孔教论、章太炎的夷经为史论等。亦应注意到,康有为和章太炎虽然始终强调在现代转型中保有儒家传统的重要意义,但是他们儒家转型论思,却很难说是保守的。与初始印象恰恰相反,如果回归儒家转型的内在脉络则可发现,康有为、章太炎的儒学理论恰是极为激进的。已有研究指出:"今文经学为了回归孔子而推翻古文经典,开启民国古史辨的先声,而古文经学夷经为史,导夫民国以经学为史料的先路。"①换言之,康有为和章太炎的儒学重构努力,反而成为经学瓦解及儒家传统解体的重要环节。20 世纪 20 年代的全盘否弃传统思潮,与康有为、章太炎思想学说的激进要素存在颇深的渊源关系。"从康氏作《伪经考》到五四疑古,从章氏订孔到五四打孔,都有其发展的过程。"②实际上,康有为和章太炎分别构成近代儒家思想光谱中遥遥相对的两个极端,他们分别沿着儒家的经学路径和史学路径促使儒学出现异化或解体。若以政治或文化保守主义视角来分析这两位思想人物,则易陷入"以激进为保守"的悖论式诠释困境。在某种程度上,康有为与章太炎的儒学理论,已然溢出激进与保守的诠释框架。在此,本书试图超越这一诠释思路,将康有为、章太炎的政学思想还原到儒家传统近代转型的内在脉络中,探究两位思想巨擘政学论思的深层意蕴。

在此,本章以康有为的儒学理论及政体学说为对象,旁涉其他相关人物的政学主张,探究儒家传统与戊戌变法的互动作用。总体来看,在对政治变革的思考上,据康有为自述:"仆戊戌以来,主持君主立宪,自辛亥以来,主持

---

① 陈壁生:《经学的瓦解》,华东师范大学出版社,2014 年,第 8 页。
② 汪荣祖:《康章合论》,新星出版社,2006 年,第 121 页。

虚君共和,先后言之,未有改也。"①康有为的政体理论颇为复杂且深具变化,然而他坚持君主制之于中国近代转型的不可或缺性这一主张则一以贯之。他的政治理论以儒家学说为基础,其中春秋公羊学与孔教论是其儒学体系的基石。

## 一、晚清今文经学的孔教化

晚清时期,随着春秋公羊学复兴,常州今文经学兴起。作为今文经学的代表人物,康有为依托春秋公羊学构建儒学体系,通过儒家孔教化展开儒家传统的近代转型。19 世纪,儒学演进主要呈现三种趋势:其一是清代经学持续推进,表现为今文经学承接乾嘉学派的经学议题而后来居上;其二是儒家经世精神复苏,如咸丰、同治时期理学经世的展开;其三,鸦片战争以后,西方列强交侵,清廷内忧外患,近代中国面临数千年未有之变局。甲午战争前后,政治危机空前严峻。在此过程中,西学东渐加速,传统儒学受到空前冲击。上述新的政治与学术格局构成理解康有为儒家孔教论的思想背景。

在发展演变过程中,晚清今文经学内部逐渐形成三种形态互异的思想流派:其一,学理取向的今文经学,以庄存与、刘逢禄和陈寿祺为代表;其二,经世取向的今文经学,以龚自珍、魏源为代表;其三,孔教化的今文经学,以廖平、皮锡瑞和康有为为代表。其中,康有为完成孔教论的理论奠基,并在政治社会实践层面推进孔教运动。

关于清代学术发展的内在理路,梁启超概括为"以复古为解放",以此而论,晚清今文经学意味着"复西汉之古,对于许郑而得解放"②。这一论断颇

---

① 康有为、康同璧:《康南海自编年谱》(外二种),中华书局,1992 年,第 190 页。
② 梁启超:《清代学术概论》,上海古籍出版社,2005 年,第 6 页。

具启示意义,但亦存在一定局限,其更多关注的是常州学派与乾嘉学派的学理差异,而较少留意这两种思潮之间的内在联系。常州学派对乾嘉学派既有批判,亦有所继承。就差异而论,乾嘉学派注重对六经的训诂考据,而常州今文经学则注重探究孔子经学的微言大义。从经学演进内在逻辑而言,今文经学派将乾嘉学派的经学议题加以深化。

众所周知,清代经学源于明末清初顾炎武的儒学论思。针对阳明心学末流束书不观、空谈心性,顾炎武复归儒家六经,基于考据方法探讨古经义理,开启清代经学的学术传统。关于经学方法,乾嘉学派学术领袖戴震提出:"惟空凭胸臆之无当于义理,然后求之古经;求之古经而遗文垂绝,今古悬隔,然后求之训诂。训诂明则古经明,而我心所同然之义理,乃因之而明。古圣贤之义理非他,存乎典章制度者也。"①

在他看来,宋明理学在义理层面提倡内心体认,容易导致学者主观臆断、空谈心性。因而通达义理的方法莫若折返六经。由于六经文本时代久远,而宋儒经说又存在主观空论的弊端,因此需凭借考据方法对文本加以训诂,揭示其中蕴含的儒学义理。义理蕴含在六经记载的典章制度之中,而非个体心性体证的主观过程之中。相比宋明理学家的心性践履,乾嘉学派儒者的考据训诂在某种程度上更为客观,他们试图为儒家义理构筑更为牢固的知识基础。晚清今文经学将这一儒学范式继续推进。乾嘉后期,儒家经师逐渐意识到,由于历经秦火,由汉儒重新整理保存下来的经学典籍内容存在颇多歧义。汉代经学在内容上并不自洽。关于这一论题,清儒陈寿祺(1771—1834)在其代表作《五经异义疏证》中指出:"五经皆手定于圣人,群弟子之学焉者,微言大义,靡不与闻。然左丘明亲造膝受经,公羊高、谷梁俶咸卜子门人,而春秋三传乃若瓜畴芋区之不可相合。子舆、游、夏最善说礼

---

① 徐世昌等:《东原学案》,《清儒学案》(第四册),卷七十九,中华书局,2008 年,第 3018 页。

服,而檀弓言小敛之奠东西异方,司徒敬子之丧吊絻异用,公叔木与狄仪之所为服功衰异说。"①

孔子修订六经,开创儒家经学传统。在经学传授的过程中,孔门后学对经学议题的理解逐渐出现差异与分歧。如对春秋经的义理阐发,左丘明学派与子夏弟子公羊、谷梁学派存在极大分野。再如礼服、丧礼等礼制,孔门后学不同流派的理解存在差异。西汉时期,经学体系的内在一贯问题愈发显著。原因在于,秦代焚书及秦末战乱造成经籍散失,此后汉初儒者恢复的经学典籍在当时往往被认为是残缺文本,因而经学体系的完备性在当时屡受怀疑。西汉中期,武帝设立五经博士,并为博士设弟子员,新的章句及师法不断出现,经学义理逐渐多歧。另外,随着先秦古文典籍渐次出现,至西汉末年,经师刘歆创发春秋左氏传章句,由此出现的古文经学对既有经学体系产生强力冲击,经学体系的内在自洽困境更为突出。

两汉官方均试图对经学体系进行整合,如西汉宣帝时期石渠阁会议和东汉章帝时期白虎观会议,着力衡平经学体系的内部分歧。社会私学方面,东汉大儒许慎作《五经异议》,通过列举的方式对各家章句的义理差异进行梳理。东汉末年,郑玄对其时经学体系加以重构,为经学内部分歧提供暂时性解决方案。他以《周礼》为中轴,遍注群经,将经义分歧转化为殷商与成周的制度差异,使得今文和古文经学体系混同为一。② 然而郑玄方案虽能自圆其说,但并未解决经学诸家的义理分歧。

清代经学的持续进展终究会遭遇经学系统的内在一贯性问题。乾嘉学派的训诂考据为后世经师提供了较为精确的六经内容,在此基础上,常州学派试图解决经学系统的内在自洽问题。晚清今文经师提出,两汉今古文经

---

① 徐世昌等:《左海学案》,《清儒学案》(第五册),卷一百二十九,第5072页。
② 关于对许慎与郑玄治经思路的分析,参见陈壁生:《晚清的经学革命——以康有为〈春秋〉学为例》,《哲学动态》,2017年第12期。

学之间的差异,不仅体现在典章制度方面,更为关键的是,两者对孔子与经学关系和孔子之道的理解方面存在重大分歧,其中以春秋左氏学派与公羊学派之间分野最为明显。作为常州学派代表人物,刘逢禄将批判矛头直指春秋左氏学派:"左氏以良史之材,博文多识,本未尝求附于春秋之义。后人增设条例,推衍事迹,强以为传春秋,冀以夺公羊博士之师法,名为遵之,实则诬之,左氏不任咎也……余欲以春秋还之春秋,左氏还之左氏,而删其书法、凡例及论断之谬于大义,孤章绝句之依附经文者,冀以存左氏之本真。"①

在他看来,《左传》是春秋时期左丘明所著史书,而《春秋》则是孔子所创经书。左氏深具良史之才,其作史原本并不为了传注孔子经书的微言大义。然而西汉末期经师刘歆却用《左传》解释《春秋》经文,创发一家章句,意图立于学官,侵夺公羊学派的师法地位,名为推尊,实为诬蔑左氏之学。东汉以后,左氏学派逐渐壮大,而公羊学则逐渐边缘化。在此,他提出相应解决方案,即废除春秋左氏学派的师法、凡例与经说,切断左氏传与春秋经之间的联系,恢复左传作为编年体史书的本原形态。刘逢禄的春秋学开启了此后今文经师对春秋左氏学日渐猛烈的批判传统,在此过程中,今文经学持续激进化,最终形成孔教思潮。

与此同时,经世取向的今文经学亦逐渐展开,以魏源和龚自珍为主要代表。经世精神是儒家传统的基本价值,主要表现为:"在以人世为关怀的前提下,儒家进而求建立一个和谐的政治社会秩序。"②儒学传统虽屡经变迁,但始终秉持经世取向,只是在不同历史阶段的表现形式各异。即使是以训诂考据著称的乾嘉学派,在价值取向深层仍是经世致用。只是由于清前期政治环境压抑,乾嘉学派的经世精神在很大程度上不得不以曲折隐晦的方

① 徐世昌等:《方耕学案下》,《清儒学案》(第三册),卷七十五,第2875页。
② 张灏:《宋明以来儒家经世思想试释》,载氏著:《幽暗意识与民主传统》,新星出版社,2006年,第77页。

式表达。进入 19 世纪,清帝国的秩序危机逐渐加深,法家式君主政体疲态尽显,儒家经世传统复苏,在行政技术、程朱理学和今文经学等政治思想领域均有体现。其中,行政技术经世思潮直接诉诸行政改革以期获得切实的治理绩效,而今文经学经世思考通过重新诠释经学微言大义以推进更高层面的政治变革。晚清经世思潮的代表人物如魏源,他既是今文经学家,也是行政改革的推动者,他与贺长龄编写《经世文编》致力展开具体行政改革。再如龚自珍的政论主张,更能透射当时今文经学经世思潮的变革指向:"为天子者,训迪其百官,使之共治吾天下,但责之以治天下之效,不必问其若之何而以为治,故唐、虞三代之天下无不治。治天下之书,莫尚于六经。六经所言,皆举其理、明其意,而一切琐屑牵制之术,无一字之存,可数端隙也⋯⋯夫乾纲贵独断,不贵端拱无为,亦论之似者也。然圣天子亦总其大端而已矣。至于内外大臣之权,殆亦不可以不重。权不重则气不振,气不振则偷,偷则弊。"①

　　龚自珍委婉地表达了对清代政体的批评建议。在他看来,清代君主乾纲独断虽然能够保证君主不至大权旁落,但是亦造成士人政府活力衰退。在这种政体格局中,士大夫事权缺失,行政官僚少有政治能动性。相比之下,尧舜及夏商周三代政治之所以能够长治久安,是因为君臣之间互信关系且治权分享型政体结构的长期存在。在他看来,儒家六经并非琐碎僵化的义理教条,而是深具活力的政道典范。因此,君主应该分享治权给士大夫,恢复君臣共治政治规模,只有如此才能使士人政府逐渐恢复元气,从而更为有效地应对内忧外患。可以看出,龚自珍的今文经学已不再满足学理研究,而是试图依托经学义理展开政治变革,其中变革指向已从行政层面上升到政体层面。他的变革思路深刻影响着其后康有为今文经学的经世品格。

---

　　①　龚自珍:《明良论四》,《龚自珍全集》,上海古籍出版社,1975 年,第 34 页。

19 世纪 80 年代,今文经学逐渐孔教化,其中关键人物是廖平,他此时处于经学"一变"至"二变"时期。众所周知,廖平的学术历经六次变化,其中"一变"和"二变"与今文经学的孔教化关系最为密切。"一变"时期,廖平对经学体系的自洽问题提出了独辟蹊径且深具影响的解读:"今古二派,各自为家,如水火、阴阳,相妨相济。原当听其别行,不必强为混合。"①据他分析,经学在先秦时期便已存在今学派和古学派的分野,主要因为孔子中年"从周"到晚年"黜周"的思想变化所致。两派的差异不在于文字,而在于礼制规定不同,因此不必在两派之间强求一致,而应"平分今古"。他以列表方式划出今学派和古学派的界限,总体而论:"今祖孔子,古祖周公;今,以《王制》为主,古,以《周礼》为主。今主因革,古主从周。"②质言之,今学派是以《王制》为中心的经学体系,而古学派则是以《周礼》为基轴的经学系统。在此,这一类型划分的学理预设是,认定《礼记》王制篇反映的是孔子的制度设计,而《周礼》则是周代典章制度。

与此同时,廖平指出,今古两派礼制差异的深层,是两派对孔子地位的认知分野。在古学派视域中,孔子是先师与良史,而六经则是孔子整理的关于尧舜及三代政制典章的历史记录。然而他很快意识到,若依古学派所论,则孔子会由素王降为史家。同时六经转化为先代政典,导致经学常道消解于历史的时间之流中。他逐渐对汉代古学派经典的真实性产生怀疑:"刘歆官司儒林,职掌秘籍。方其改羼《佚礼》以为《周礼》,并因博士以尚书为备一语,遂诋六经皆非全书。弟子恐其无本,则私改史书、纬书以自助。"③古学派典籍如《周礼》等多在西汉中后期才被陆续发现。他怀疑这些古书很有可能出自经师刘歆之手。刘氏伪造古学典籍,创立古学体系,动机在于配合王莽

---

① 廖平:《今古学考》,《廖平选集》,巴蜀书社,1998 年,第 67 页。
② 同上,第 68 页。
③ 同上,第 130 页。

篡汉。因此,廖平主张,应辨识刘歆伪造的古学派典籍并将之排除于经学体系之外,推尊孔子所创并由今学派传承的六经。这便是廖平经学的"二变",主旨在于"尊今抑古"。

如若剔除刘歆伪造的古学典籍,那样六经之真与孔子之圣便可豁然明朗:"孔子受命制作,为生知,为素王,此经学微言传授大义。帝王见诸事实,孔子徒托空言,六艺即其典章制度,与今六部则例同。"①六经的微言大义指向孔子素王改制。东周时期礼崩乐坏,秩序瓦解,孔子深知周礼难复,因而斟酌损益创立新制。他将这一新的制度构想寓于六经之中。在廖平看来,孔子新制虽存在损益变化,但其中义理则具有恒常性。孔子之为圣贤即在于他为后世创制立法。廖平这一时期的经学理论深刻影响了康有为的孔教思想。1888 至 1889 年,廖平与康有为曾两次在广州会面,廖平称其将自己所作《知圣篇》出示给康有为。1891 年 7 月,康有为《新学伪经考》成书刊布,该书内容与廖平《辟刘篇》《知圣篇》非常相似。廖氏多次暗讽康氏有抄袭之嫌,然而康有为对此一直讳莫如深。这一事件遂成为学术公案,历来众说纷纭。②康有为孔教论与廖平"二变"时期经学理论联系密切。然而两者亦存在很大差异,主要表现在廖平经学体系以《王制》为中心,而康有为则是以春秋公羊学为基轴。另外,康有为发展出更为系统的孔教建制化方案。

## 二、孔教论建构及内在困结

甲午战争以后,中国近代政体变革逐渐展开,戊戌变法和清末立宪分别代表立宪君主改良的两次尝试,但均以失败告终,君主政体亦随之倾覆。本

---

① 廖平:《知圣篇》,《廖平选集》,巴蜀书社,1998 年,第 175 页。
② 关于这一问题的详细评述,参见丁亚杰:《清末民初公羊学研究:皮锡瑞、廖平、康有为》,中国台湾万卷楼图书有限公司,2002 年,第 203 页。

书拟从儒家传统与政治变革的互动出发,试析晚清君主立宪变革进程中存在的结构难题与义理困境。康有为是今文经学孔教化的集成者,亦是戊戌变法的引领者。而关于康有为今文经学与政体变革思路的关系,学界主要存在两种观点。一种观点认为,康有为所著《新学伪经考》(1891)、《孔子改制考》(1894)等为变法提供理论依据,即他的儒学理论与政体理论关系密切。另一种观点则指出,孔教运动与政体变革是交互展开的,两者在理论层面并不构成直接关联。

就政治结构而论,理解晚清政体的特质对于理解近代政体变革进程非常重要。雍正时期,经过几代君主持续的集权努力,清代君主专制达到顶峰。君主大权独揽,权力高度集中,在这种制度环境中展开立宪变革,异常艰难。咸丰时期,为应对内忧外患政治局势,清廷不得不起用汉族官僚,委以事权,地方督抚权势上升。辛酉政变之后,两宫太后与亲王联合秉政,中枢权力格局出现重大变化。虽然乾纲独断式的君权结构有所松动,但是清廷内部多种政治势力并存,使得当时政治格局变得异常复杂。已有研究指出:"甲午以前三十年间,左右大局之政治势力,主为湘军、淮军、清流及满人统治集团四大集团……甲午以后,淮军式微,清流亦因康梁维新运动之起,而大为分化,于是政局形势全失平衡。"①甲午战争前后,清代中央政局派系林立,局面复杂,在这种情势下,维新政治势力若想展开变革,除需握有一定实权之外,还需凝聚改革共识。

此外,传统政治的基本特质是政治与学术之间的紧密联系。因而在当时的历史环境中,改革派的儒学思考如若能够获得相当范围的学理认同,则会对政治共识的达成起到一定促进作用。然而康有为的孔教实践带来的直接效应却是学理认同与政治变革共识的双重丧失,这是戊戌变法昙花一现

---

① 石泉:《甲午战争前后之晚清政局》,生活·读书·新知三联书店,1997年,第273页。

的重要原因。就学术思想而论,康有为的儒学体系存在诸多困结。他基于廖平二变时期"尊今抑古"思路出发,将今文经学推向更为极端的境地。《新学伪经考》向世人展示了一幅惊心动魄的经学图景:"(刘歆)以奇字而欺人,借古文以影射,《左氏春秋》,乃其窜乱之始;共王坏壁,肆其乌有之辞。见传记有引未修之书篇,托为《逸书》以藏身;窥士礼之不达于天子,伪造《逸礼》以创制。遭逢莽篡,适典文章,内奖暗干,以成其富贵之谋;外藉威柄,以行其矫伪之学。上承名父之业,加以绝人之才,故能遍伪诸经,旁及天文、图谶、钟律、月令、兵法,莫不伪窜。"①

康有为提出,古文经学派的典籍包括《周礼》《毛诗》《逸礼》《费氏易》《左传》等均系西汉经师刘歆伪造。为配合作伪行动,刘歆窜改司马迁《史记》并撰写《七略》,试图旁证古文经学经典来源的可靠性。更进一步地,刘歆伪造《尔雅》、周代青铜铭文乃至大批先秦古文字,将文字训诂作为治经方法。同时,《孝经》《论语》等典籍亦遭窜改。康有为甚至窥测到刘歆伪造经书过程的诸多细节,如他对《左传》一书成书过程的考察:"(刘歆)于是毅然削去平王以前事,依《春秋》以编年,比附经文,分《国语》以释经,而为《左氏传》。"②在他看来,刘歆截取《国语》这本国别体史书,按照春秋编年体例,改写成为《左传》,并依托《左传》解读孔子《春秋》。刘歆遍伪群经,目的是为王莽篡汉提供合法性依据,而伪古文经造成经学系统扰乱,导致孔子经学义理杂糅歧义、经学晦暗不明。可以看出,就经学自洽性问题的解决方式而论,相比刘逢禄经史分离思路,康有为则直接将古文经学典籍斥为伪经,他的解决方式是极为激进武断的。③ 在此基础上,康有为撰著《孔子改制考》,

---

① 康有为:《新学伪经考》,《康有为全集》(第一集),中国人民大学出版社,2007 年,第 385 页。
② 同上,第 398 页。
③ 关于《左传》与《国语》的诸多差异,后世相关研究领域已多有考辨,构成对康有为相关论断的有力反驳。如瑞典学者高本汉的详密考证。参见 [瑞典] 高本汉:《左传真伪考及其他》,陆侃如译,山西人民出版社,2015 年。

系统阐述孔子改制的微言大义。该书是康有为孔教理论的核心文本。

"夫三代文教之盛,实由孔子推托之故。"①康有为提出,尧舜夏商周三代的文教盛况其实并不是历史的真实状态,而是出于孔子的思想建构。春秋时期礼崩乐坏,孔子生逢衰世,意图立法创教以期拨乱反正。为使其教义更具说服力,孔子不得已将所创新制假托为尧舜三代曾经出现过的典章文教。"盖当时诸子纷纷创教,竞标宗旨,非托之古,无以说人……同是尧舜,而孔、墨称道不同。"②春秋战国时期,除孔子之外,其他诸子百家也都竞相假托古代圣王进而谋求创教改制。因而同样是追述尧舜三代,墨子与孔子的描述却大不相同,更能印证诸子百家均为托古创教。孔墨老庄申韩等诸子百家都以托古形式著书立说,创立自家教义,接收门徒传教,不断扩张自家教派势力。"墨子本孔子后学,杨子为老子弟子。战国时,诸子虽并争,而兼爱以救人,为我以自私,皆切于人情。故徒属极众,与孔子并。故当时杨、墨相攻最多。"③诸家教派在发展过程中不断分化重组,如墨子教派从儒家中分出,再如杨子教派承接老子而来。由于墨子和杨子教义皆能够缘人情立意,因而两派同样门徒众多,与孔教形成鼎立局面,三派之间相互辩难攻击。

于是,在康有为的理论建构下,先秦儒家不再是学派,而俨然变成了一个由孔子所创的教派,六经则成为孔子教义。"然儒者但服儒服,从儒礼者,便得有此名,如为墨、为道、为僧之类。"④普通民众要想加入儒教这个教派,需要改穿儒服并遵从儒礼。"孔子创儒教,齐、鲁之间先行之。太史公谓'鲁人以儒教'是也。儒者传道,不为其国,但以教为主。如佛氏及今耶、回诸教皆然,务欲人国之行其教也……而秦立博士七十人,诸生皆诵说《诗》、《书》,

---

① 康有为:《孔子改制考》,《康有为全集》(第三集),第4页。
② 同上,第29~30页。
③ 同上,第58页。
④ 同上,第88页。

法孔子,则孔教大行于秦国矣。"①在发展轨迹方面,康有为认为儒家与世界
其他宗教如佛教、基督教和伊斯兰教相似,都存在一个教主创教、门徒传教
和诸国从教的过程。作为教派的儒家在春秋战国时期最先在齐国和鲁国实
行,此后不断扩展,秦朝设立博士官制,这被他解读为标志着秦代遵奉孔教。
在康氏思想建构下,儒家传统发生多重异化,在广度和深度上都是空前的。
孔子被异化为神明教主,既托古改制创教,又能预知未来,而儒家义理则被
异化成为教主预言。围绕春秋三统三世学说,康有为构建出孔教化今文经
学体系,虽然解决了经学内在自洽问题,然而六经性质已然变异。更为严重
的是,儒家传统的政学相维结构最终遭到颠覆性改造:"凡从孔子教,衣儒衣
冠、读儒书者,便谓之'儒'。其上者圣儒,次者大儒、通儒、名儒。若夫通天、
地、人,则大儒之列也……吏道是周、秦以来任官之旧,仕学院中人也。儒是
以教任职,如外国教士之入议院者。其后杂用武夫,世爵高门,诗赋帖括,皆
非儒矣。而诗赋帖括托于儒门,而以伪乱真。"②

　　儒家的产生过程在此被完全从历史进程中抽离,突出表现为儒家原初
的政学相维型结构被割裂成政教二元分离。③ 先秦儒家变异成由孔子所创
的建制化教派,呈现为传教者与信教者这种准等级式结构。在形式上,儒家
已然被建构成儒教。进一步地,儒家与政治的相维关系,转变成儒教与现实
政权的二元分离式互动关系。依此逻辑,西汉中期,汉廷独尊孔子经学意味
着:"孔子制度,至孝武乃谓大行,乃谓一统,佛法之阿育大王也。自此至今,
皆尊用孔子。"④换言之,汉武帝采纳董仲舒对策,罢黜百家,立五经博士,标
志着孔教被尊为国教,此举与古印度阿育王将佛教立为国教类似。儒家士

---

　　① 康有为:《孔子改制考》,《康有为全集》(第三集),第89页。
　　② 同上,第98~100页。
　　③ 关于儒家政教关系的相维相制,参见任锋:《政教相维下的"兼体分用":儒家与中国传统的
文教政治》,《学海》,2014年第5期。
　　④ 康有为:《孔子改制考》,《康有为全集》(第三集),第235页。

人以"教士"身份跻身政局,类似西欧中世纪基督教士担任议员。在康有为孔教论视域中,秦汉以降,军功制、察举制与科举制等官员选任制度能否将纯粹的儒教教士选入政府,成为其中制度困结。相比儒家政治传统而论,康有为孔教论设想的儒教体制,包括他的保教主张中所保之教,其实是一个非常崭新的制度形态,就此而论,他的儒家思想与其说是政治保守主义,毋宁说是传统儒学的异化。

关于康氏孔教论的生成原因,曾流行一种观点认为孔教思维受到西方基督教的制度启发。近年来已有研究对类似观点提出反驳。① 也就是说,康有为孔教论虽然受到那一时期西方基督教传教冲击的影响,然而更多则是清代经学逻辑发展而至。根据钱穆考证:"不悟训诂考据可言家法,政事义理不可言家法,若言政事义理而尊家法,则其极必近于宗教。"②今文经学扬弃乾嘉学派考据方法,同时继承经学家法思维,在理论层面产生诸多消极后果。今文经师不尚考据,因而对经学义理予以武断解释,往往强经文以就己意。更为严重的是,今文学派将儒家从历史中抽离出来,继而将经学从儒学中抽离出来,结果是经过二次抽离的六经变成了僵化的信条,而孔子在此过程中被建构为神明教主。康有为舍我其谁式个性及保教救亡迫切情绪更是将孔教论推向极端,促使其思想学说与儒家中道渐行渐远。就思想体系而论,康有为的孔教论引发链式反应,导致他的儒学体系出现诸多内在紧张。

形式与内容互斥。形式方面,康有为的孔教设计是宗教建制,其中存在教主、大儒、儒生等清晰的层级结构。而在内容方面,孔教论则被界定为处于宗教与道德之间,这种定位本身即存在两歧性。"圣人之教,顺人之情,阳

---

① 参见唐文明:《敷教在宽:康有为孔教思想申论》,中国人民大学出版社,2012 年,第 77 ~ 79 页。

② 钱穆:《中国近三百年学术史》,商务印书馆,1997 年,第 609 页。

教也；佛氏之教，逆人之情，阴教也。"①孔教与佛教等其他宗教的区别被理解为顺乎人情之"阳教"与逆反人情之"阴教"之差异。然而与此同时，康有为却在重新诠释儒家经典时屡屡掺入宗教因素，以期达成孔教宗教化，如他对祭祀之礼的新解："故鬼神皆轮回为人，明哲之人亦皆来自鬼神……或疑孔子为无神教，岂知此为朱子误乱之义，非孔子之教旨也。"②在此，他一边将孔教与佛教加以区分，另一边则欲借助佛教轮回观来打造孔教论。在此可参照对比朱子对鬼神的论述："神者伸也。鬼者归也……言鬼神，自有迹者而言之。言神，只言其妙而不可测识。"③在这一论题，朱子对鬼神秉持理性存疑态度，相比于康有为式孔教论，宋明理学更为契合孔子本义。而从义理精密程度而言，孔教论显得颇为仓促粗率，更难以与宋明理学相媲美。这可能与时代环境有关，当时的危机形势很难容得康有为进行充分的理论思考与制度实践。不过即使孔教论能够得到充分展开，其进程也会面临多重困境。原因在于，孔教论以宗教建制为形式，但是传统儒家却难以提供充足的与此形式相契合的义理资源，即儒家在内容上难以支撑起孔教建制。因而即便孔教得以尝试性推行，所能吸引的"教众"也注定颇为有限。反过来看，孔教的宗教建制形式很可能会引发儒家义理的排异反应。显然，康有为孔教论中儒教先知与普通平民之间的传信关系不同于儒家传统中师生之间的教学关系。由此而论，儒家的内在关系更多的是儒师传道授业与学生博学慎思之间的教学相长，与孔教中教士与信众的传信关系迥异其趣。

　　动机与结局强烈反差。康有为毕生致力的孔教建构有其学理层面的良苦用心。他敏锐感知到，随着西学不断输入，传统儒学的知识基础受到强力

---

① 康有为：《康子内外篇》，《康有为全集》（第一集），第 103 页。
② 康有为：《礼运注》，《康有为全集》（第五集），第 561 页。
③ 朱熹：《朱子语类》，黎靖德编，王星贤点校，卷第一百九，中庸二，中华书局，1986 年，第1548 页。

冲击。在此以严复为例，其名著《政治讲义》(1905) 开宗明义："故《易》曰：'天尊地卑，乾坤定矣。'有其至高者在上以为吾覆，有其至卑者居下以为吾践。此贵贱之所由分，而天泽之所以位也。乃自哥白尼之说确然不诬，民知向所对举而严分者，其于物为无所属也。苍苍然而高者，绝远而已，积虚而已，无所谓上下也。"①《周易·大传》由个体直观感知的天地高低关系推出政治结构中权威上下之分。严复指出，根据哥白尼天文学，天地关系并无所谓高下，因而政治尊卑难以由自然现象推导而出。由于近代科学的迅猛传播，包括《周易》在内的诸多儒家经学命题受到撼动。就此而论，康有为的孔教论建构，试图将儒家经学的知识基础构筑在对孔子的信念层面上，本意是为使传统儒学在近代科学冲击下得以安渡险滩，虽不失为经学现代转型的建设性思考，但却将儒家推向准宗教位置，与此后民国初期的启蒙思潮迎面相撞，导致儒家传统全面解体。

封闭与开放的吊诡。康有为不惜将古文经学典籍定为伪造之经，目的在于实现经学体系内在的逻辑自洽。他以春秋公羊学为中心重构的经学系统催出神明教主式孔子，更是直接将其学说推向骑虎难下的尴尬境地。在此状态下，孔教论者不得不执拗于一种完备而整全的经学观。这意味着，面对西方学理不断输入，孔教论者必需以孔教理论加以调和，只有如此，才能够确保经学的完备性和有效性。如康有为以春秋三世说解说西方政治理论："据乱世则内其国，君主专制世也；升平世则立宪法，定君民之权之世也；太平则民主，平等大同之世也……今则为据乱之世，内其国则不能一超直至世界之大同也；为君主专制之旧风，亦不能一超至民主之世也。"②在政体类型学上，君主立宪与民主共和分属两种形式，但是为了回应共和革命思潮，

① 严复：《政治讲义》，《严复集》(第五册)，中华书局，1986 年，第 1241 页。
② 康有为：《答南北美洲诸华商论中国只可行立宪不能行革命书》，《康有为全集》(第六集)，第 313 页。

康有为不得不用公羊三世说来将政体的横向形式差异界定为纵向历史阶段差异，这种诠释方案显然难以逻辑自洽。再如他以春秋三统说来解析中西文化差别等。关于康有为的孔教思维，当代美国学者列文森尖锐地指出："但是新的思想如此之多，并对稳定的儒家社会有如此明显的颠覆作用，所以对现代人来说，接受新思想要得到儒教的允许，这无疑是一件可笑的事情。"①可以看出，康有为春秋公羊学在不断涵纳诸多异质思想资源的过程中内部张力不断增大，导致他的学说体系因负荷过重而最终解体。

康有为不断尝试将大量异质学说摄入孔教论中，以便完成传统儒学的现代转型。就此而论，孔教论是否意味着传统儒学在某种程度上实现了创造性转化？这一过程似乎与宋明理学类似，因为理学儒者在建构学说体系时亦往往援引佛道两家思想。细究其实，即可发现这两种儒学体系的形成过程存在很大差异。康有为在其孔教论中不断附会其他思想资源，而这些异质思想很难与儒家义理兼容。最明显的如康有为《大同书》所论："故家者，据乱世人道相扶必需之具，而太平世最阻碍相隔之大害也……故欲至太平独立性善之美，惟有去国而已，去家而已。"②他根据公羊三世说与进化论指出，家庭与国家是据乱世的历史产物，构成由据乱世向太平世的进化阻碍。因而太平世的实现要以去家去国为条件。这一理论颇具思想性，然而同时太平世理论却被他认定是孔子的微言大义，在此显然难与注重家国天下的孔子之道相契。

对于儒家传统而言，"家"的地位至关重要，齐家是善治的始基。儒家仁义礼智信等基本价值筑基于家共同体之上，强调齐家之于政治理论的不可或缺性。基于齐家理论，儒家建构普遍主义政治哲学。如宋儒张载（1020—

① ［美］列文森：《儒教中国及其现代命运》，郑大华、任菁译，中国社会科学出版社，2000年，第71页。
② 康有为：《大同书》，《康有为全集》（第七集），第91页。

1077)在《西铭》中提出著名的民胞物与思想。关于这一论思,清儒罗泽南
(1807—1856)在《西铭讲义》中指出:"天地以生物为心者也。凡天下之民
物,无一非天地之所生,即无一非天地之所爱。仁者之心,亦无不有以爱
之……特从一家之小推到天地之大,亦无不若是耳。"①罗泽南认为,个体通
过修身践履最终能够达到天地万物为一体之境界。他反复强调,儒家民胞
物与不同于无差等之兼爱,而是个体基于修身齐家等德行实践,将仁爱推扩
至天地万物,最终达成个体良知与天地物理的和合共生。传统儒家大同主
义基于修身齐家展开,而康有为的大同思考却以毁弃家族为必要条件,两者
存在根本差异。康有为大同论在很大程度上源于佛教教义,反映出他的孔
教理论实际上是诸多异质思想的仓促杂糅。

## 三、孔教论与学理共识的丧失

基于《新学伪经考》和《孔子改制考》,康有为构建起庞大的思想体系,然
而这一体系内部蕴含巨大的张力与困境。而从当时的智识语境而言,康有
为孔教论将经学推向极端变异,引起其他儒学流派的强烈反应。而就今文
经学内部而言,孔教化今文经学亦呈现分化瓦解态势。这些迹象均反衬出
康有为学说体系的武断杂糅,导致他所引领的政治变革很难获得学术认同,
更难凝聚政治变革共识。

1898 年戊戌政变后,湖南士人编撰《翼教丛编》,该书包含当时儒学领域
对康有为孔教论的众多激烈批评。《翼教丛编》代表的保守思潮与康有为引
领的维新思潮之间的交锋非常复杂,两者政论分歧很难完全化约为守旧与
维新的分歧。有学者指出:"社会分类上的旧派中人有颇具新意识者,而新

---

① 罗泽南:《西铭讲义》,《罗泽南集》,岳麓书社,2010 年,第 146 ~ 151 页。

派中人也有不少旧观念；两派及各派之中不同人物的思想、心态与社会行为均可见明显的相互参伍及错位。"①学术思想层面上，《翼教丛编》对康有为等维新派的驳难集中在孔教论上，其中以朱一新（1846—1894）为代表，他对康有为的经学理论进行系统反驳："然汉儒断断争辩者，但谓左氏不传经，非谓其书之伪也。《左氏》与《国语》，一记言，一记事，义例不同，其事又多复见。若改《国语》为之，则左传中细碎之事何所附丽？且《国语》见采于史公，非人间绝不经见之书。歆如离合其文以求胜，适启诸儒之争，授人口实，愚者不为，而谓歆之谲为之乎？"②

《新学伪经考》提出《左传》等古文经学经典均系刘歆伪造，这在朱一新看来是不能成立的。他指出，西汉末年，刘歆与今文学派博士的论争焦点在于《左传》能否作为解析春秋经的传注，而不在于《左传》一书的真伪问题。刘歆不可能将《国语》改写成《左传》，这是因为，《左传》和《国语》在体例上存在非常明显的差别。况且，司马迁在撰写《史记》时引用过《国语》，反映出《国语》在汉代是比较常见的史书。假如刘歆依据《国语》伪造《左传》，则易将其作伪痕迹暴露给当时学界，反而是弄巧成拙。朱一新指出，即使至愚之人都不会采用改《国语》为《左传》这一下策，更遑论刘歆那般机敏之人。他进而对康有为的孔子改制论予以驳论："然六经各有大义，亦各有微言，故十四博士各有家法。通三统者，《春秋》之旨，非所论于《诗》《书》《礼》《易》《论语》《孝经》也。孔子作《春秋》，变周文从殷质，为百王大法。素王改制，言各有当。七十口耳相传，不敢著于竹帛，圣贤之慎盖如此。诗书礼乐，先王遗典，使皆一家私说羼于其中，则孔子亦一刘歆耳……必若所言，圣人但

---

① 罗志田：《思想观念与社会角色的错位：戊戌前后湖南新旧之争再思——侧重王先谦和叶德辉》，载氏著：《权势转移：近代中国的思想、社会与学术》，湖北人民出版社，1999年，第156页。

② 苏舆：《朱侍御答康有为第二书》，《翼教丛编》，上海书店出版社，2002年，第3页。

作一经足矣,曷为而有六欤!"①

康有为今文经学以春秋公羊学为基轴,其中隐含的关键预设是,《诗》《书》《礼》《易》《论语》《孝经》与《春秋》是可通约的,即是说每部经典所蕴藏的圣人微言是同质的,均可在春秋公羊学三世三统框架下予以分析。与之针锋相对,朱一新提出,六经蕴含的微言大义各不相同,三世与三统论仅属《春秋》经学理论,难以扩展到其他经学文本诠释中。孔子《春秋》虽然蕴含素王改制微旨,但是孔子及后学在传习过程中并没有将之写于竹帛之上,仅是口耳相传,这一举动反映出圣贤立言的谨慎之处。《春秋》为孔子所作,而《诗》《书》《礼》《易》等经典则是尧舜三代的政治典章,属于孔子述而不作的部分。就此而论,六经难以化约为均质的系统。假如六经均为孔子托古改制的理论创造,那么这与后世刘歆所为并无本质区别。因而康有为本为推尊孔子,最终结果适得其反。另外,如果六经均可用春秋公羊学予以通约诠释,那么孔子只需创作《春秋》一经即可,无需另创其他五经。总之,在朱一新看来,康有为的经学体系充斥诸多矛盾。

与此同时,今文经学内部亦存在学术分野。相比于康有为的激进狂飙,皮锡瑞在学理上则属于稳健温和的孔教论者。他对今文经学内部存在的主观臆断式结论多有批评,而对康有为的态度则颇为微妙。政论方面,他曾支持康有为维新及保教主张。但在学术方面,他并不赞同康氏经学:"(康有为)其说皆从今文以闢古文,所见颇与予合,而武断太过,谓《周礼》等书皆刘歆所作,恐刘歆无此大本领;既信《史记》,又以《史记》为刘歆私窜,更不可据。"②可以看出,即使是在今文经学内部,康有为的武断式今文经学亦很难获得其他儒者的学理认同。

---

① 苏舆:《翼教丛编》,上海书店出版社,2002年,第4~5页。
② 皮锡瑞:《皮锡瑞日记》,《皮锡瑞全集》(第九册),中华书局,2015年,第272页。

康有为经学体系的仓促杂糅亦导致维新派内部的思想分化。梁启超早年由追随康有为逐渐转向在学理上与之分道扬镳。康梁的思想分途绝非偶然,在很大程度上缘起于康氏学说体系的内在矛盾。早在维新变法时期,康有为经学体系的诸多矛盾便已有所体现。一方面,《孔子改制考》提出儒家再制度化方案,试图将儒家传统与君主政治加以分离,儒家传统政学关系异化为二元政教关系。而在另一方面,康有为又反过来试图以公羊三世说弥合孔教与政体的对应关系,更加剧了其思想体系的内在紧张。康有为学说的内在矛盾在梁启超早年思想中体现得淋漓尽致,最终促使后者不得不放弃康氏孔教论。

戊戌变法时期,梁启超担任长沙时务学堂总教习,在书信中他向其师康有为陈述:"近学标读史,又读内典(旁注:读小乘经,得旧教颇多。又读律论),所见似视畴昔有进,归依佛法。甚至窃见吾教太平大同之学,皆婆罗门旧教所有,佛吐弃不屑道者。觉平生所学,失所凭依。奈何!"①随着学理不断精进,梁启超很快意识到,康有为公羊三世学中的太平世理论名为儒学,其实杂糅大量婆罗门教理论,而且大同学说的诸多立论亦早被佛学否弃,因而康有为公羊三世说处在进退维谷之境地。同时在政治实践方面,梁启超亦深切感到康有为孔教论二元结构带来的困惑:"不知我辈宗旨,乃传教也,非为政也。乃救地球及无量世界众生也,非救一国也。一国之亡,与我何与焉?"②孔子改制论的衍生推论是保国与保教双轨而行,且相比保国,保教处于更高位阶,在此国家反而成为孔教的载体。因而康有为孔教政治思维存在对当时政治局势的理解偏差。由于政教二元思维,康有为孔教论亦难为君主立宪变革提供理论支撑。

---

① 苏舆:《梁启超等与康有为书》,《翼教丛编》,上海书店出版社,2002 年,第 464 页。
② 苏舆:《翼教丛编》,上海书店出版社,2002 年,第 465～466 页。

　　基于康有为孔教论,梁启超在戊戌变法时期的学术思想与政治行动可谓进退失据,最终促使其发生深刻转变。据任公自述:"启超自三十以后,已绝口不谈'伪经',亦不甚谈'改制'。"① 1902 年,梁启超完成《保教非所以尊孔》,标志着他与康有为在学理上正式分途。此文对康有为孔教论的批评可谓鞭辟入里:"孔子人也,先圣也,先师也,非天也,非鬼也,非神也。强孔子以学佛、耶,以是云保,则所保者必非孔教矣。无他,误解宗教之界说,而艳羡人以忘我本来也。"②梁任公已然察觉,康有为孔教论中的建制型儒教其实并非儒家传统的本然状态。在他看来,孔子虽是圣人,但却不是宗教意义上的神明教主。因而保教不惟不能使孔教发扬光大,相反会造成与其他宗教之间出现不必要的紧张关系。另外,孔教论者以春秋公羊学比附西学,这种方式亦非常不可取:"万一遍索四书、六经,而终无可比附者,则将明知为铁案不可易之真理,而亦不敢从矣;万一吾所比附者,有人从而剔之,曰孔子不如是,斯亦不敢不弃之矣。"③康有为孔教论者将孔子建构成可以预知未来的神明教主,将西方近代的民主富强视为孔子预言的现实呈现。类似比附虽表面上可以抬升孔子地位,但却存在很大隐患,因为一旦某种西方学说在四书五经中无法找到契合根据,则会导致孔教陷入巨大的认同危机而走向瓦解。在此,梁启超提出保全孔教的恰当方式:"其或未有者,吾急取而尽怀之,不敢廉也;其或相反而彼为优者,吾舍己以从之,不必吝也。又不惟于诸宗教为然耳,即古代希腊、近世欧美诸哲之学说,何一不可以兼容而并包之者。"④在他看来,昌明孔教的最佳方式是复归儒家开放包容的思想传统,对近代西学保持兼收并蓄的开放心智。在此之后,梁启超虽然仍为孔教实践

---

① 梁启超:《清代学术概论》,上海古籍出版社,2005 年,第 72 页。
② 梁启超:《保教非所以尊孔论》,《梁启超论文选粹》,广东人民出版社,1996 年,第 124 页。
③ 同上,第 127 页。
④ 同上,第 130 页。

的推动者,但是他所理解的孔教已然不同于康有为式孔教论。深层而论,梁启超的思想转向透射出康有为孔教论的内在危机,实际上已然宣告康氏经学体系的解体。

## 四、政治共识的流失

关于戊戌变法,相关领域近年来积累了丰富详实的研究论著,深入细致地还原了维新变法历史进程的诸多细节。基于既有研究,本书尝试在政治学论域中,分析维新变法中的政学互动。甲午战争之后,清朝中枢权力格局出现分化重组。李鸿章淮系权势急剧下降,刘坤一代表的湘军势力有所回升,同时张之洞等清流派系影响增强。君权层面,慈禧太后仍旧把持政权,而光绪帝则欲借助变法培植政治班底,帝后两党之间存在紧张的权力互动。与清代中期相比,光绪时代的专制君权虽因太后及亲贵干政而有所松动,但是法家式皇权结构仍然存在,士人政府的政治活力不足。由此而言,戊戌变法很难如北宋时期庆历新政或熙宁变法那样由士人政府领导主持。

实际上,在清代高度集中而僵化的君主专制政局中,推行任何形式的政治变革都注定异常困难,更何况此时的变革对象指向帝制顶层结构。甲午战争之后,晚清时的中国内外危机深重,政治变革成为主导议程。然而当时政局异常复杂,帝后两党关系微妙,朝野之上政治派系林立。虽然君主专制有所松动,但是由于政体结构寡头化,变革需平衡各方政治势力,因而在这种形势下,政治变革难度反而加大。雪上加霜的是,康有为经学理论难以获得多数儒家士人的学理认同,同时他的政体论与孔教论扭结缠绕,不仅致使维新派的变革行动指向不清且徘徊多歧,而且使得当时其他政治派系很难辨识出康有为维新主张的变革方向。

戊戌变法时期,康有为的主要官衔是工部候补主事,始终未能跻身清廷的核心权力圈。在这种情况下,他欲想推进自己的政治变革规划,就有必要在学理层面获取当时政治实权派的认同与支持。然而孔教化今文经学非但没有成为戊戌变法的理论支撑,反而造成政治共识逐渐流失殆尽。最显著的是康有为与张之洞关系恶化。作为清流领袖,张之洞长期担任封疆重臣,在甲午战后逐渐成为举足轻重的政治实权力量。他具有很深的儒家学养,并且积极推动变法维新。1895 年,时任湖广总督并署理两江总督的张之洞对康有为开办强学会等事务予以支持,但其后他对康党态度急转直下。已有研究指出:"张之洞及其派系对康有为及'康学'的批判,始终围绕着'素王改制'和'平等'、'平权'这两点。"①康有为孔教论试图在政治结构之外另建新的儒教政制,同时他的政体主张杂乱多歧,且内含倾覆君主政体的理论要素,两种理论倾向均是康党失去张之洞支持的关键原因。

另一个重要事件是翁同龢对康党的态度由友善转向敌对。1898 年 4 月27 日,身兼军机大臣、总理衙门大臣、户部尚书、光绪帝帝师的翁同龢遭到罢黜,意味着康有为失去朝中重要的实权派支持力量。翁同龢曾保荐过康有为,对康有为有获得光绪帝信任起到非常关键的作用。戊戌政变后,翁同龢因此事被加重定罪,因而对结交康有为懊恨不已。其实在被罢官之前,他对康党的态度就已经转恶。萧公权的相关研究指出:"即令翁氏可以再度撤回他对康氏观点的反对,但他不可能忽视《改制考》的危险涵义及其所引起的思想骚动。为了表明他的立场,翁唯有摆脱与康的关系。"②由此可见,康有为的激进孔教论是导致翁同龢对其态度转变的重要因素。可以想见,即使翁同龢没有被罢黜,康有为的变革路径也很难得到他的支持。

由此可见,康有为孔教论不仅难以构筑儒家士人的改革共识,而且在很

---

① 茅海建:《戊戌变法的另面:"张之洞档案"阅读笔记》,上海古籍出版社,2014 年,第 26 页。
② 萧公权:《翁同龢与戊戌维新》,中国人民大学出版社,2014 年,第 94 页。

大程度上导致其逐渐失去清廷诸多实权派的支持。戊戌年间，清廷发生多次参劾康有为的政治行动，其中重要原因便是康有为的今文经学。1898 年 5 月，御史文悌上折严参康有为，批驳的标靶便是孔子改制论："而尤堪骇诧者，托词孔子改制。谓孔子作春秋，西狩获麟为受命之符，以春秋变周为孔子当一代王者。明似推崇孔教，实则自申其改制之义。"①其后，大学士孙家鼐亦上折光绪帝，表达对孔子改制论的强烈反对。当时湖南巡抚陈宝箴尽管对康党的维新主张有所维护，但在奏折中却请令康有为自行销毁《孔子改制考》。陈氏并非顽固势力，但即使身为湖南维新运动的主政者，亦难以对康式孔教论产生认同。戊戌政变后，《孔子改制考》两次遭到当局禁毁。其实早在几年之前，康有为的另一部经学著作《新学伪经考》就已被清廷禁毁。清廷的思想文化专制政策并不可取，不过这些行动间接反映出当时士人群体对孔子改制论的激烈反对态度。在这种形势下，康有为倡导的政治变革更加举步维艰。

维新变法时期，康有为及其政治派别在变革主张上并不十分清晰。已有研究显示，戊戌政变之后，康有为意欲渲染他在维新变法中的主导作用，同时为宣传其立宪保皇主张，对戊戌变法历史叙事进行增删，特别是在宣统时期改写《戊戌奏稿》。② 这些举动增加了后世学界对康有为戊戌变法政治主张的辨识难度。当代史学家黄彰健较早指出康有为此时政体论说的多歧面向，基本结论是："在戊戌四月以前康采行双轨政策，康一方面游说光绪变法，一方面又从事保中国不保大清的政治活动。于戊戌四月二十八日光绪召见以后，康始放弃革命路线，其政策乃由'保中国不保大清'一转而为'以

---

① 苏舆：《文仲恭侍御严参康有为折》，《翼教丛编》，第 81～82 页。
② 相关研究参见黄彰健编：《康有为戊戌真奏议》，中国台湾商务印书馆，1974 年。

君权雷厉风行'。"①在政治步调上,康梁维新派颇不一致。如梁启超在湖南担任时务学堂总教习时,致力推动自下而上的民权革命活动。这种步调不一有其深层原因。

戊戌年间,康有为逐渐形成较为清晰的变革主张,即保教、保国与保种,而孔教论今文经学是这一政治纲领的理论支撑。然而这一政治变革框架存在诸多歧义,难以自洽。其中问题在于,康式孔教论指向孔教与政体二元分立政制结构。就理论内在逻辑而言,相比保国,保教居于更高方面。然而就现实方面而论,保国显然更为紧迫,且更应居于优先地位。另外,保国意指保全中国,而当时丧权辱国的清廷是否仍可作为国家主权的正当代表?君主制是否仍为需要保全的政体形式? 在这些问题上,康有为的政体方案显得颇为模糊。而他的保种主张加剧了问题的复杂程度,因为这很可能会使时人联系到所保国家的族群构成问题,清政权的部族背景逐渐凸显,关于这个议题,孔教论亦面临诸多困境。

在公羊三世论中,康有为的太平世理论指向君主阙无的政体类型。具体到保教、保国与保种的政治主张中,保存君主政体仅为权宜之计。换言之,孔教化今文经学并未对政治变革提供有力支撑。康有为这种多歧式政体变革主张非但不能凝聚政治共识,反而很易授人以柄,被当时政治反对势力加以利用。更为严重的是,他在当时的制度变革主张亦显急切躁进。在上呈光绪帝的奏折中,康有为建议设立制度局作为推进政治变革的中枢机构:"特置制度局于内廷,妙选天下通才数人为修撰,派王大臣为总裁,体制平等,俾易商榷。每日值内,同共讨论;皇上亲临折衷一是,将旧制新政斟酌其宜。某政宜改,某事宜增,草定章程,考核至当,然后施行……其新政推

---

① 黄彰健:《康有为与戊戌变法——答汪荣祖先生》,载氏著:《戊戌变法史研究》(下册),上海书店出版社,2007 年,第 861 页。

行,内外皆设专局,以任其事……十二局立而新政举,凡制度局所议定之新政,皆交十二局施行。其直省藩、臬、道、府,皆为冗员;州县守令,选举既轻,习气极坏,仅收税、断狱,与民无关。"①

这一制度设计在后世看来似乎颇为平和,然而如若将之置于当时政治环境中加以理解,则立刻会凸显出其极为躁进的变革指向。诸多迹象表明,康有为在维新变法时期并未跻身清廷核心权力圈,而设立制度局主张是其能获得光绪帝注意的重要原因。从政治博弈角度来看,光绪帝启用维新派既可展开变法、提振国力以御外患,亦能凭借主持变法获取对整个中枢政局的实际控制。在当时众多维新政治力量之中,康梁维新派只是其中一支。康梁维新派如想顺利推行变法,须不断设法获得皇权支持以步入清廷的权力中心。因此,对光绪帝和康有为双方来说,设立制度局属于正向非零和博弈,即博弈结果对双方均是有利的。

依政治变革历程而论,相比创建议会推进君主立宪,设立制度局似乎意味着康有为戊戌时期政治主张的保守退缩。然而若从当时政体背景而论,康有为的政治变革力度是极大的。在晚清政治情境中,设立制度局相当于另立军机处。不同的是,原有的军机处只是君主意志的执行机构,而制度局则是君主与大臣的新政协商机构。按照康有为的设想,制度局的人事任命可不拘于既有的官员选任程序,由此可确保维新派顺利进入权力中心,亦可使光绪帝培植亲信力量。在当时政体结构中,制度局将成为新的内廷,而原有军机处和总理衙门等中心权力部门将会被直接架空。康氏同时主张制度局下设十二局作为新政执行机构,因为在他看来,清廷既有的官僚体系因循苟且,并不具备执行新政的相应能力。在当时的历史情境中,康有为的制度

---

① 康有为:《外衅危迫分割洊至急宜及时发愤大誓臣工开制度新政局折》,《康有为全集》(第四集),第14~15页。

局变法图景是极为激进的。

百日维新的历史进程曲折复杂,根据既有研究梳理:其一,康有为在戊戌五月以后至戊戌政变之前主张开明专制式君主政体;其二,戊戌政变的爆发与光绪帝采纳维新派意见设立制度局等政治行动密切相关。在此基础上,本章在此尝试对康有为政治理论与实践之间的关系略作展开。根据康有为公羊三世论,据乱世对应君主专制,升平世则对应君主立宪政体。因而并不排除这种情况,即在设立制度局展开变法之后,康有为待时机成熟之时,继续劝谏光绪帝推行议会变革,同时明确孔教的国教地位。

然而在当时的历史情境中,清廷多数政治实权势力很难辨识康有为政体方案的未来指向。尤其是康有为武断式今文经学及躁进式政治主张已使当时清廷诸多实权势力对维新派的认同降至冰点。就当时政治博弈形势而论,在清廷实际最高统治者慈禧太后眼中,戊戌变法的诸多迹象既有可能是光绪帝利用制度局独揽大权,亦有可能是维新派利用皇帝进行颠覆行动。两种情况均会触动她的统治利益,前者会导致其失去最高统治权,而后者则更加严重,很有可能是王室沦为政治傀儡。百日维新因戊戌政变戛然中止,后世已无法看到光绪帝及维新派之后的政治举措。但是可以推定的是,在清代长期以来高度专制集权的政治环境中,政治安全始终是统治集团的中心考量。因而任何稍有力度的政治变革,均有可能被统治集团曲解为政治颠覆行为。在此,设立制度局会将清廷推向未知的政治环境,这种朦胧不确定的政治图景引发清廷诸多实权力量激烈阻挠戊戌变法。戊戌政变之后,慈禧太后主导的保守势力公布康党的所谓罪状主要包括:康党图谋兵围颐和园挟持皇室和保国会仅保国却不保大清。若将事后的价值倾向暂作悬置,在此可以看出,清廷的这些指控既反映其集权性与顽固保守性,亦间接透射出康有为极为激进的变革措施难以形成变革共识。如时任两江总督的刘坤一在当时的书信中写道:"而康有为等,中怀叵测,文饰奸言……不知乱臣贼子,最善揣摩,必先有所假借以得人主之权,而后因利乘便,为所欲为。至召外兵以启内衅,如汉之董卓、魏之尔朱,宗社为墟,可为前鉴。"①

　　当时刘坤一等政治实权派认为,康有为的政治举措与其说是变法图强,毋宁说更像是欲挟光绪帝以自重。在刘坤一的解读中,康有为与汉代的董卓、北魏的尔朱荣类似,都有挟持皇室的权臣用心。这种解读反映出当时许多官员的一般心理。平允而论,戊戌变法是顺应时代潮流的政治行动。康梁维新派在变法实践中的变革勇气和大刀阔斧的变革决心,这份情怀令后世仰慕。但亦应看到,对于政治改良而言,凝聚共识对于变革运动的顺利推行具有重要作用。在此方面,康有为维新派做得并不充分。

　　康有为基于今文经学,通过辨伪古文经典,试图解决传统经学的完备性与自洽性问题。然而儒家六经却被抽离历史经验基础从而知识根基发生剧烈变动。在康有为孔教设计中,儒家政学结构发生异化,政学相维突变为政教二元结构。康有为式孔教论虽然不失为儒家现代转型的某种制度方案,但是这种建制化尝试很难付诸实践。康有为激进而异化的孔教理论,既难以获得多数儒家士人的学术认同,亦难对凝聚政治变革共识有所助益,这是戊戌变法最终失败的重要原因。由于长期以来的君主专制,在晚清政治环境中,儒家士人针对君主政体的任何变革尝试都必定举步维艰。康有为是探索近代中国政体变革的先驱者,他的救亡图存政治实践是儒家经世精神与天下己任的写照,他的良苦用心更为后人击节称道。他的政学理论蕴含诸多先时性思想启示。诚如梁任公对其师的评价:"若其理想之宏远照千载,其热诚之深厚贯七札,其胆气之雄伟横一世,则并时之人,未见其比也。"②

----

　　① 刘坤一:《复冯莘垞》,《刘忠诚公遗集》(三),《清代诗文丛编》,七一六,上海古籍出版社,2010 年,第 157 页。

　　② 康有为、康同璧:《康南海自编年谱》(外二种),楼宇烈整理,中华书局,1992 年,第 238 页。

# 第三章　君主立宪变革的政学困境

清末立宪在变革幅度方面要超过戊戌变法,甚至可以说,近代中国全面的政体变革实际上展开于清末新政时期。清末新政前期之所以能取得一定成效,其中与新政的主要推动者张之洞密切相关。与戊戌时期康有为相比,张之洞的政体变革路径较为稳健,多年的官场磨砺亦使他能够在当时政界游刃有余。概括而言,张之洞以中体西用论聚拢学理认同,与清廷内部各实权派多方商议达成政治共识,在获得最高权力中枢的支持之后,逐步展开新政措施。在此过程中,清廷官方主导的立宪变革将清末新政推向新的阶段。然而皇族内阁的建立却使形势急转直下,在很大程度上导致立宪派士大夫和北洋军事势力的离心。在共和革命的持续冲击下,清代统治及君主政体覆亡。

本章以张之洞的思想学说与变革实践作为探讨对象,他的政学构思在很大程度上可以看作清末新政由以展开的政治蓝本。就政体变革而言,清末新政的总体方向是将传统君主政体变成近代君主立宪政体,在此过程中,儒家传统与君主政治存在更加全面且深入的互动。张之洞的政治变革思路呈现清晰的层次性,他依托儒家思想传统,搭建学理共识以凝聚变革共识,以科举与学制变革作为政治变革的制度基础,以官制变革增强士人政府的制度活力,同时,他主张推行渐进式议会变革进而触及君主政体。然而清末立宪运动却在持续推进之时戛然而止,儒家传统与君主政治之间的漫长互动历史进程宣告终结。事实上,如若联系清代前期传统君主政治的诸多蜕变来看,清末立宪的失败绝非偶然。当清末新政推进到需变革君主政体本身的时候,皇族内阁的出现透射出的其实是法家式君主政体的制度困境。而在清末立宪所凭借的君主思想资源中,法家式君主论、儒家式君主论与近代日本式君主论之间存在巨大张力,直接导致君主政体无法达成合法性证成。最终,绵延数千载的君主制度走向崩溃,儒家传统开启曲折的共和转型。

## 一、中体西用论与政体变革共识的夯筑

19 世纪末,康有为孔教论及其激进变革方案难以凝聚政治共识,受此影响的戊戌变法遽然中断。而在同一时期,除康有为维新派之外,尚存在一条相对保守稳健的政治变革方案,可界定为中体西用变革路径,其中以张之洞的政治思想最为典型。近年来随着相关领域的研究积累,学界对于张之洞与清末新政加以深度聚焦。如李细珠对张之洞政治思想及在清末新政运动中的作用做以全面考察,基本结论是,"与维新派的激进态度不同,张之洞是要在难以调和的新旧矛盾之间寻求第三条较为稳健的变法道路"①。再如茅海建通过详密的档案研究,钩沉出"戊戌变法的另面",即以时任湖广总督张之洞、湖南巡抚陈宝箴为代表的维新力量,他们的政治革新路径与康有为孔教论式政体变革措施存在激烈冲撞。② 张之洞在地方督抚任上大力推进洋务,但是他的政治倾向却并不完全属于洋务派。就政治派系论,他属于清流派,而他的中体西用思想亦与洋务派存在很大分野。洋务运动的中体西用

---

① 李细珠:《张之洞与清末新政研究》(增订版),中国社会科学出版社,2015 年,第 55 页。
② 参见茅海建:《戊戌变法的另面:"张之洞档案"阅读笔记》,上海古籍出版社,2014 年,自序,第 1 页。

思想以冯桂芬为典型,基本内容是:"以中国之伦常名教为原本,辅以诸国富强之术。"①洋务派以李鸿章为主导,其"中体西用"主张较少涉及政治变革,而只是意图凭借采用西方近代技术来增强国力。相比之下,张之洞的《劝学篇》(1898)提出的变革主张绝非是对洋务派政治纲领的重申或补充,而是直接指向全面的政体变革:"窃惟古来世运之明晦,人才之盛衰,其表在政,其里在学"②,他进而指出,"不变其习不能变法,不变其法不能变器……中学考古非要,致用为要,西学亦有别,西艺非要,西政为要"③。

张之洞的变革思考基于"学"展开,依托变革"学"以致政治革新。他的中体西用论是将以儒家为基轴的传统政治之"学"与西学界定为体用关系。尤为关键的是,在此西学是指西方近代政制,与洋务派将西学理解为西方近代技术迥然有别。洋务派的中体西用论试图以清代政制为体而以西方技术为用。表面来看,洋务派的富强措施更具实效性,而张之洞的变革路径则显得曲折迂阔,其实不然。其中关键是在于如何理解"学",只有还原到当时政治社会结构中,其深层机理才能展露。"中学"的内容是儒家学术,在当时即指以四书五经为载体的儒家政道。传统时代尤其隋唐以后,普通民众研习儒家学理与诗词文赋等,可经由科举考试进入士人政府。儒家学术与传统社会之间存在密切关联。国家层面上,儒学是主导性政治话语和政道原则,而在社会层面则是社会领域的基本伦理规则。因此,张之洞的《劝学篇》所论之"学"主要包括三个层次:其一,中西政制及政治学理;其二,士人阶层之学,在当时政治历史环境中,士人群体是改良式变革的推动力量,因而他们对变革路径的认同非常重要,张之洞试图在顽固守旧与盲目趋新之间构建

① 冯桂芬:《采西学议》,《校邠庐抗议》,中国台湾文海出版社,1966 年,第 151~152 页。
② 张之洞:《张之洞全集》(第十二册),苑书义等主编,卷二百七十,河北人民出版社,1997 年,第 9704 页。
③ 同上,第 9705 页。

中庸稳健的士人之学;其三,普通民众之学,张之洞试图兼顾传统伦常与西方技术,前者意图维持政治秩序,以便为政体变革提供相对安定的环境,后者则意在培养专门人才振兴工商实业。就政治改良而论,若想取得变革成效,改革者需凝聚相对广泛的变革共识,而在当时的历史环境中,获得儒家士人的学理认同对变革共识的凝聚尤为重要。相比康有为激进的孔教化今文经学,张之洞汉宋兼采儒家学说则显得稳健而中庸,更利于获得当时儒家士人阶层的学术认同。

从清代儒学演进的历程来看,晚清儒学由之前的"汉宋之争"逐渐走向"汉宋调和",以考据学为主的汉学和以性理学为主的宋学相互取长合流并进。汉学方面,阮元(1764—1849)在两广总督任上,于广州开设学海堂(1825),延请各地名儒讲学授课,主持编纂《清经解》,汉学考据逐渐出现兼收并蓄的倾向。相关研究指出,阮元并非固守汉学门户,而是"调和汉宋,主张将宋学追求的义理建立在汉学的训诂之上,以求更为精确地理解儒家义理之学"①。沿着这一治学思路,后来长期担任学海堂学长的经学名家陈澧(1810—1882)主张破除汉宋之间的学术藩篱,倡导实现汉宋会通:"凡风气必有所因而转之,若今忽举程、朱道学以教人,则必无应之者。且讲道学而不读经,则亦非程、朱之学也。专经而明理敦行,此真汉以来学术之中道,人可共由之者矣。"②

在此需对清代中期以来的学术思想进展略作展开。乾隆时期,汉学考据成为儒学主流,程朱理学虽然保持官学地位,但是学理上却处于停滞状态。程朱理学以涵养心性及修身践履为基本方法,弊端很可能是学者束书

---

① 李敬峰:《阮元的心性论及其对汉、宋学的调和》,《哲学研究》,2016 年第 9 期。

② 陈澧:《东塾读书记札记》,《陈澧集》(第二册),上海古籍出版社,2008 年,第 501 页。

不观而空说性理。程朱理学属于道德严格主义传统①,倡导严明天理人欲之辨、君子小人之别等德行实践命题,在一定程度上能促进儒家士人的德行涵养。倘使程朱理学的发展一直以社会领域自发路径为主,那样的话,士人自发组织的讲学议政、修身践履与社会实践,或许发挥厚重社会风俗的深远功效。然而当程朱理学被官方抬升为科举取士标准时,义理结构发生变异。经由科举出身的士人往往难以达到程朱理学严苛的德行践履标准,时常存在言行不一情况,甚至会出现很多道貌岸然的伪君子,这种状况使程朱理学的学术形象大打折扣。更为严重的是,经过清代统治者整合的官方化程朱理学,蜕变为法家式君主的统治手段,原本为己之学的道德严格主义竟最终变成专制君主"以理杀人"的道德禁欲主义。就此而论,汉学考据成为清代学术主流绝非偶然。针对宋学空谈性理的流弊,汉学主张回归儒家经学,以客观考据为方法,夯实儒家的学理基础。与此同时,汉学借助考据经义解构官方理学,曲折隐晦地对清代君主专制政治加以批判。值得指出的是,乾嘉汉学在发展过程中亦存在弊端,经师埋首考据经义,往往忽视对儒家义理的整体研讨,弱化修身践履,间接导致儒家经世精神衰退。针对汉学与宋学的学术短板,陈澧提出汉宋兼采治学思路。他肯定乾嘉考据的学术价值,主张在对经学注疏深度考据基础上,明晰经学义理。同时,他指出程朱理学其实并未忽视对儒家六经注疏的研讨。因此,在为学路径上,他主张兼顾汉学考据经义与宋学修身践履。

道光、咸丰时期,程朱理学一改学术颓势,出现复兴局面。理学大儒唐鉴(1778—1861)撰写《国朝学案小识》(1845),重申程朱理学道统,在当时形

---

① 关于"程朱理学属于道德严格主义而不是道德禁欲主义"的分析,参见李明辉:《朱子对"道心"、"人心"的诠释》,《湖南大学学报(社会科学版)》,2008年第1期。本文认为,虽然原初的程朱理学属于道德严格主义,但是在清代经过专制君主改造之后的官方理学,却在很大程度上蜕变为道德禁欲主义。

成以京师为中心并辐射诸多地方的理学士人群体。与此呼应,桐城学派推动以理学为义法的古文运动,增强了晚清理学的复兴态势。与官方理学不同,道光以降复苏的程朱理学具有很强的经世关切。① 在这一时期,理学家积极吸纳汉学考据方法。典型如曾国藩(1811—1872),作为中兴名臣及晚清理学代表人物,他以程朱理学为基轴,积极吸收乾嘉汉学。据《清儒学案》记载:"有清中叶,汉学盛而宋学衰。湘乡力挽其弊,以宋儒程朱之学为根本。兼研训诂名物典章,于汉学家言,亦穷其赜而撷其精,致诸实用。"②曾国藩扭转了清中期以来理学不振的学术局面,而他对乾嘉汉学的兼收并蓄推动了晚清思想学术领域的汉宋合流进程。

就晚清儒学总体图景来看,今文经学异军突起,导致古文经学走向激进,经学内部出现今古文经学对峙的局面。相比而论,汉宋调和代表儒家学术中庸稳健的发展潮流。汉宋合流推动着晚清儒学出现汉宋综合思想潮流。这一思潮可进一步分为两个支系,即理学倾向与经学倾向两种综合型学术路径,前者以曾国藩为典型,后者则以张之洞为代表。张之洞以乾嘉汉学为根底,继承发展汉宋合流的学术思想传统。他在担任四川学政时,于成都创立尊经书院兴学育人。他为书院学生提示读书门径:"近代学人,大率两途。好读书者,宗汉学。讲治心者,宗宋学。逐末忘源,遂相诟病,大为恶习。夫圣人之道,读书治心,谊无偏废,理取相资。诋諆求胜,未为通儒……要之,学以躬行实践为主。汉宋两门,皆期于有品有用。"③

张之洞反对当时儒家学人标榜门户相互攻讦的学术风气,提出恰切的治学门径应是汉学与宋学相资为用。汉学讲究训诂考据,利于沉潜读书;宋

---

① 关于晚清理学复兴的经世内涵,参见张舒:《晚清理学复兴的经世意蕴》,《天府新论》,2016年第5期。

② 徐世昌等编:《清儒学案》(第七册),卷一百七十七,中华书局,2008年,第6789页。

③ 张之洞:《輶轩语》,《张之洞全集》(第十二册),卷二百七十二,第9794页。

学强调修身践履,益于涵养心性。他以通儒为治学境界,劝勉后学博采汉宋之学成就经世之才。甲午战争后,传统政制与儒家学术面临严重危机。清廷内部,洋务派的变革路径难以为继,康有为等维新派政治力量进入政局推动变法。张之洞身为地方督抚,对当时政局具有巨大影响力,绝非顽固守旧者,而是推动政治变革的重要力量。他任湖广总督时,强力推进地方的现代化变革,兴办现代民用工业、军事工业、铁路与各类新式学堂等。他亦是维新变法运动的积极推动者,如资助康有为发起强学会,并与康梁维新派有过短暂合作。由于学术分野和变革路径分歧,他们之间的合作关系迅速走向破裂,而重要原因在于张之洞无法认同康有为的激进孔教论。① 此后,他一面驳斥康有为的孔教论与激进变革主张,另一面则积极探索稳健可行的变革路径,其中《劝学篇》可视为这些思考的产物。在书中开篇,张之洞总论其政治变革思路:"是故学术造人才,人才维国势,此皆往代之明效,而吾先正之不远之良轨也……保种必先保教,保教必先保国……我圣教行于中土数千年而无改者,五帝三王,明道垂法,以君兼师;汉唐及明,宗尚儒术,以教为政……盖政教相维者,古今之常经,中西之通义。"②

　　本书在此将他的政治变革方案概括为政学相维模式。张之洞基于历史经验提出,学术与国势密切相关,学术造就人才,人才维持国势。就当时内外局势而论,在先后次序上,相比保教与保种,保国则更加具有优先性和紧迫性。他的变革思路恰与康有为形成对照。康有为将保教作为保国与保种的基础,认为国家贫弱根本在于孔教不昌。值得注意的是,张之洞与康有为对儒家传统的理解存在很大差异,张之洞将之理解为孔子学说与文教传统,康有为则将之解析为宗教性的孔教建制。比较而论,前者重在强调儒家的

---

　　① 关于张之洞与康有为之间的合作与分途,参见茅海建:《张之洞、康有为的初识与上海强学会、〈强学报〉》,《华东师范大学学报》(哲学社会科学版),2013 年第 1 期。

　　② 张之洞:《劝学篇》,《张之洞全集》(第十二册),卷二百七十二,第 9708 页。

学理性,而后者则意在挖掘儒家的宗教性,他们对儒家传统的理解存在极大分野。

19世纪末,晚清中国面临空前的内外压力,传统儒学遭遇严峻挑战。晚清时的国人在向西方学习的过程中逐渐意识到,在西方近代化深层存在达致富强的政学机理。就此而论,儒学与西学的关系,尤其与近代西方政治学说的关系有待重新厘定,这逐渐成为当时学术思想界的共同议题。而当时传统学术出现新的发展趋势,同时面临诸多困题。如诸子学复兴,儒学与诸子学的关系有待厘析。随着考据研究的深入,晚清汉学推进到考据先秦诸子典籍阶段,先秦诸子之学复兴。如俞樾(1821—1907)所论:"且其书往往可以考证经义,不必称引其文,而古言古义居然可见。"①部分学者尝试通过考证先秦诸子典籍确定六经原义,间接促进诸子学说复苏。由此带来新的学术议题即如何在诸子并进的格局中重新定位传统儒学,这构成张之洞政学相维变革思想的重要关切。他尝试厘定儒学与诸子学的关系:"盖圣人之道,大而能博,因材因时,言非一端,而要归于中正。故九流之精,皆圣学之所有也;九流之病,皆圣学之所黜也。"②在他看来,孔子儒学朴实中正,而其他诸子之学则相对驳杂,因而研治诸子之学应以儒学为折中。

与此同时,张之洞尝试对儒学内部基本流派之间的关系加以梳理整合。他严厉批评晚清今文经学,认为今文经学是秦汉时期的"非常可怪之论",而恰当的经学研究思路应为:"窃惟诸经之义,其有迂曲难通、纷歧莫定者,当以《论语》《孟子》折衷之。"③在此,他承接宋明理学的学术思路,将《论语》《孟子》等四书之学作为六经之学的权衡与折中。进一步地,他对传统学术系统予以整合:"今欲存中学,必自守约始,守约必自破除门面始……损之又

① 俞樾:《诸子平议》,中华书局,1954年,第1页。
② 张之洞:《劝学篇》,《张之洞全集》(第十二册),卷二百七十,第9719页。
③ 同上,第9721页。

损,义主救世,以致用当务为贵,不以殚见洽闻为贤。"①就当时儒学发展的基本情况而论,晚清儒学仍以乾嘉汉学为正宗。训诂考据之学虽能推进经学研究的精密化,但弊端是使得儒家六经繁难寡要,致使为学之人经年累月才能略晓经学义理。除此之外,儒学内部学派分立,汉学与宋学长期对峙,而汉学之内出现今文经学和古文经学的分野。有鉴于此,张之洞呼吁破除学术门户,将传统学术整合为守约之学,以经世致用为依归,以便应对内外政治危机。在此,他并未否弃训诂之学,而是巧妙地将之归为"专门之学",同时将经过重组的"中学"作为学堂传授的"普通之学"。张之洞将其整合之后的传统学术作为涵纳西学的基础,并将"中学"和"西学"界定为体用关系。在此,西学包括西方政治学理及科学技术,而他尤其强调吸收"西政"要优先于研习"西艺"。

关于中体西用变革思维,当时主要有来自两个方面的批评:学理层面,严复批评中体西用论是"牛体马用",指出学习西学与西政需保持源流对应。政治层面,何启(1859—1914)、胡礼垣(1847—1916)将张之洞视为反民权论者,认为中国当时应立即实行以民权议院为内容的君主立宪变革。两方批评均能切中《劝学篇》的局限之处。但亦需指出的是,张之洞政学思想存在一定的现实价值。他的中体西用论试图在中学与西学之间构建折中场域,使两者在互动平衡中相互取长补短。相比之下,严复的体用论虽有助于当时国人更加深入学习西方政学知识,但亦有可能存在全盘否弃传统学术的理论风险。当时民权论者虽能对张之洞的保守倾向予以有益批判,但是这种解读存在以偏概全之处。与洋务派中体西用论不同,张之洞并非顽固不化的君主论者。他的变革思路以激活士人政府为切入点,更新传统政学关系,进而推动君主政体更为深化的变革。美国学者裴士丹(Daniel H. Bays)

① 张之洞:《劝学篇》,《张之洞全集》(第十二册),卷二百七十,第9726页。

的相关研究指出,张之洞与近代中国议会变革的关系非常复杂,张氏的政体变革主张虽然带有很强的儒家士绅精英色彩,但是他并不反对民权议会式政体变革。[①] 就此而论,张之洞《劝学篇》对民权论的反思虽然存在偏颇之处,但是更多属于渐进民权论者,而主要不是反民权论者。此后在清末立宪运动中,张之洞是以兴民权开国会为内容的立宪变革的重要推动者。

## 二、学制与科举变革

20 世纪初,清廷展开新政变革。清末新政历时十年,虽然最终以失败收场,但是作为中国近代全面的制度变革,新政产生深刻影响,尤其是新政后期立宪运动的推进,将近代中国改良式政体变革推向深化。而作为晚清政坛的实权力量,张之洞对这场变革有着重要影响。相比戊戌变法,清末新政的变革幅度巨大,涉及政治、司法、军事、经济、社会等诸多方面,主要是由清廷内部各种政治力量合力推动。其中,张之洞中体西用论对变革合力的聚合起到重要作用。在反复征询以慈禧太后为首的皇室、军机重臣与地方督抚等各实权派意见之后,张之洞会同两江总督刘坤一起草新政的纲领性文件《江楚会奏变法三折》(1901)。该组奏折展开的新政图景至为宏阔,就政治变革基本思路而论,主要表现为以学制及科举变革为基础,逐步推进在各个领域的新政变革。

科举制度是连接学制与官制的中间环节。隋唐以来,科举制度成为官员选拔的主要方式。清代科举承袭明代,以八股文为考试形式。相比策论,八股文能够提供相对客观的评判标准,然而这种僵化的文体形式导致科举

---

① See Bays Daniel H, *China Enters the Twentieth Century: Chang Chih - tung and the Issuee of a New Age, 1895 - 1909*, University of Michigan Press, 1978, pp. 1 - 10.

制度发生变异,往往出现的情况是,参加科举的士人对作文技巧的钻营远远胜过对儒学义理的关注。"自乾隆中叶以后,八股渐趋巧薄而就衰,士子剽窃陈言,但求幸获功名。嘉、道、咸、同,作者更寥寥可数,徒以取士在此,视为应举之工具而已。"①相比儒家学理,士人往往更为关注科举功名。道光、咸丰以降,内外形势日渐严峻,以八股为主要形式的科举制度难以选出足够具有真才实学且能应对时务的政治干才。另外,科举制度以儒家经史典籍为主考内容。随着近代化进程的展开,社会结构逐渐复杂化,传统学制培养的人才群体显然难以满足复杂社会分工的需要,如农业、商业、工业、矿业、军事、外交等各个领域所需的大量专业人才。因此有必要变革传统学制,展开推进教育近代化。

更为深层的困题在于,现代国家的稳固基础源于公民普遍而有效的政治参与,而传统科举既限制着政治参与规模,亦无助于培养现代公民。在科举制度下,不仅普通民众难有跻身政治的机会,即使士人群体的政治参与规模也是十分有限的。美国学者孔飞力的相关研究指出:"对于大多数通过了县级院试的生员和省级乡试的举人来说,要想进入仕途实际是办不到的;而对那些地位甚至还在生员之下的文人们来说,虽然饱读经书,但他们中的绝大多数人依然注定将永无出头之日。"②就此而论,变革科举以使士人政府能够有效应对内外交困的形势,同时扩大民众的政治参与进而夯筑国家的政治基础,两者均为当时亟待解决的困题。

有鉴于此,19 世纪中期以后,有识之士变革科举的呼声日益强烈,如魏源、冯桂芬、王韬、郑观应、康有为、梁启超等诸多政治思想家均对变革科举提出深具启发意义的思考。其中,张之洞将科举变革与学制变革结合起来,

---

① 商衍鎏:《清代科举考试述录》,故宫出版社,2014 年,第 269 页。
② [美]孔飞力:《中国现代国家的起源》,陈兼、陈之宏译,生活·读书·新知三联书店,2013年,第 15 页。该书将政治参与、政治竞争与政治控制作为中国近代转型所要面临的"三道难题"。

他在《劝学篇》提出："各省、各道、各府、各州县皆宜有学。京师、省会为大学堂,道府为中学堂,州县为小学堂,中小学以备升入大学堂之选。"①他主张从中央到地方即京师省道府县等各级行政单位设立学堂,形成小学堂、中学堂和大学堂三个层级。其中大学堂设在京师及省会,中学堂设于道、府,而小学堂设于县。

张之洞的学制变革方案试图将传统学制与近代西方学制加以调和折中。传统学制主要包括社会私学和官办学堂两个部分,既带有很强的社会自发性,又受到科举制度的强烈影响。比较而论,19世纪,西方近代教育逐渐形成以英国为代表的社会主导型模式与以德国为代表的国家主导型模式,两者共通之处在于致力普及现代公民教育,同时培养各个领域的专门人才。在此,张之洞的学制变革思路更为接近国家主导型模式,将传统社会教育系统纳入政府管理,同时推进国家教育领域近代化。同时,他意在基于现代教育体系培养经世致用型士人,从而更新士人政府的选官机制。这一变革方案深具政治保守主义色彩。此后,张之洞将这一变革方案加以细化落实:"统计自八岁入小学起,至大学校毕业止,共十七年。计十八岁为附生,二十一岁为廪生,二十五岁为优贡、举人,二十八岁为进士……其取中之额,即分旧日岁科考取进学额,以为学堂所取生员之额……俟学堂人才渐多,即按科递减科举取士之额,为学堂取士之额。"②

在此,张之洞将各级新式学堂与科举层级进行对接。平民在新式学堂结业之后便可获得以往在科举制度下的为政资格。通过引入近代学制,张之洞旨在将科举取士制度转变为学校养士制度。就此而论,以往科举取士仅是注重考试环节,而经学制变革之后,考试环节逐渐淡化,士人养成机制

---

① 张之洞:《劝学篇》,《张之洞全集》(第十二册),卷二百七十一,第 9739 页。

② 张之洞:《变通政治人才为先遵旨筹议折》,《张之洞全集》(第二册),第 1400 页。

得到重视。

1905 年,清廷采纳张之洞、袁世凯等奏议,宣布于次年起废除科举取士。科举制度的废除是近代中国政治进程的重要节点,这一事件历来是相关领域的研究焦点。关于科举兴废与儒家近代转型的关系,有研究指出:"废除科举兴学堂,这是制度化儒家解体的开端,因为科举制度乃是制度化儒家之枢纽。"①诚然,废除科举会对儒家传统造成一定冲击。然而亦应指出的是,科举考试更多的是传统政府录取士人的技术手段。作为传统选官制度,科举制度在隋唐以后漫长的历史时期发挥着重要政治功能。然而就科举制度与儒家传统的关系而论,科举制度亦包含异化因素,主要表现士人往往对考试技巧及功名的重视优于对儒学义理的关注。历代儒者不乏对科举制度的深刻批评,如南宋大儒朱熹的科举批判:"上之所以教者不过如此!然上之人曾不思量,时文一件,学子自是着急,何用更要你教!你设学校,却好教他理会本分事业。"②

朱子敏锐观察到,政府片面强调科举考试的重要性,很大程度上忽略了士人养成环节。对大部分应试士人而言,研习儒学只是获取功名的手段。能够在层层考试中顺利晋级之人,并非一定需对儒学义理加以深度研究,其更多凭借的是考试技巧。朱子指出,相比科举取士,三代时期的学校制度更能体现儒家传统。就此而论,张之洞学制变革的主要思路是以学校制度替代科举制度,颇有宋代朱子的科举改革思想的意味。而随着新政变革的持续推进,张之洞的学制改良思考逐渐完善:"且设立学堂者,并非专为储才,乃以开通民智为主,使人人获得普及之教育,具有普通之智能,上知效忠于国,下得自谋其生也。其才高者固足以佐治理,次者亦不失为合格之国民。

---

① 干春松:《制度化儒家及其解体》(修订版),中国人民大学出版社,2012 年,第 256 页。
② 朱熹:《朱子语类》,黎靖德编,王星贤点校,中华书局,1986 年,卷第一百九,第 2700 页。

兵农工商,各完其义而分任其事业。妇人孺子,亦不使佚处而兴教于家庭。"①

就士人政治而论,科举制度只是偏重取士,而学校制度则兼备养士和取士双重环节,因而学校制度是对科举制度的涵括。新式学堂兼有士人养成与士人选拔,其制度精义在于,融考试于学堂之内,寓选士于养士之中。不仅如此,新式学堂更能适应近代分工趋势与复杂化社会结构。农业、商业、工业、军事等各个领域的专门之学均能够在新式学堂得到发展。更为重要的是,新式学堂还能发挥一定的公民教育功能,最终使传统儒学由士人之学逐渐融入现代国民之学。因此,废除科举兴办学堂,这一举措既是对西方近代教育体制的吸收借鉴,亦是对儒家悠远厚重的学校传统的转化更新,推动着教育近代化历程的展开。

## 三、清末君主立宪的结构困境

随着新政运动的持续展开,政体变革逐渐进入清廷的政治议程。1905年,清廷委派五位重臣出洋考察宪政。1906年9月1日(农历七月十三),清廷发出上谕,宣布实施仿行立宪。清末立宪的变革方向是将集权君主政体变为立宪君主政体,主要仿行对象是近代日本的君宪政体。清廷意图通过立宪变革保存君主政体,同时扭转国家贫弱的危局。关于清末立宪,既有研究逐渐形成激进主义与保守主义两种分析框架,两者对清末立宪的分析思路存在分野。激进主义分析框架将立宪变革视作清廷面对内外困局而做出的被动反应,指出由于当时为政者的专制心理,清末立宪注定敷衍拖延且难有收效。与之相对,近年来出现的保守主义研究进路指出清末立宪取得一

---

① 张之洞:《会奏请立停科举推广学校并妥筹办法折》,《张之洞全集》(第三册),第1661页。

定成效,认为立宪最终没能落成,更多是偶发因素所致,尤其是清廷急于自保而任命皇族内阁这一重大的制度败笔导致北洋系、立宪派等政治力量离心。另有观点认为,清末新政推进君主立宪变革,这在当时的历史环境下显得有失仓促,激进的分权变革使清廷失去对全局的掌控能力。在当时的历史情境下,清廷在新政前期施行的开明专制更适于推进现代化变革。① 多维度的分析视角揭示出清末立宪历史进程的复杂性。在既有研究的基础上,本章倾向在制度主义框架下,分析清末立宪所面临的深层困境。变革路径方面,清廷当时的立宪思路主要表现为:"惟有及时详晰甄核,仿行宪政,大权统于朝廷,庶政公诸舆论……故廓清积弊,明定责成,必从官制入手,亟应先将官制分别议定,次第更张,并将各项法律详慎厘订,而又广兴教育,清理财务,整饬武备,普设巡警,使绅民明悉国政,以预备立宪基础。"②

近代君主立宪政治存在多种类型,共同特点在于议会政治的建立完善。立宪变革的重要方面是君主将治权逐步让渡给民选议院。就此而论,清末立宪的基本路径是创设议会与君主分权两个并行过程。在此,清廷试图以官制变革为切入点,并为推行立宪预留一定的准备时间。一方面,清廷通过官制变革将最高治权转移到士人政府,以便保证进一步权力让渡的渐进平稳;另一方面,培养社会力量,基于地方自治,逐步创设议会政治。

清末立宪中官制变革的主要内容是建立现代国家机构及责任内阁。在之前新政时期,清廷即着手进行官制调整,先后增设外务部、商部、学部等颇具现代意义的职能部门。预备立宪伊始,清廷设立编纂官制馆统筹官制变革。1906 年 11 月 2 日(九月十六),庆亲王奕劻领衔上奏中央官制变革方案,总体设想是将君主集权政制变为以责任内阁为行政中枢的部院结构。

---

① 参见萧公秦:《危机中的变革:清末政治中的激进与保守》,广东人民出版社,2011 年,第245 页。

② 故宫博物院明清档案部编:《清末筹备立宪档案史料》(上册),中华书局,1979 年,第44 页。

11月6日(九月二十),清廷采取这一方案,将中央官制调整为外务部、吏部、民政部、度支部、礼部、学部、陆军部、法部、农工商部、邮传部、理藩部十一部和大理院、督察院等各院,然而对于方案提出设置责任内阁制则未予采纳,而是保留了既往君主统辖军机处的行政模式。正是在责任内阁设立问题上,清代法家化君主政体的内在困结豁然凸显。设立责任内阁本为五大臣出洋考察归国之后的一致政见。其后,提倡实行责任内阁制最为积极的当属奕劻和袁世凯。他们提出,责任内阁的建立将使政治责任由君主转移到内阁,由此可使君主避免因政令不当而招致质疑,如此则能使君位稳固。责任内阁制度此时没能顺利推行,其中原因颇为复杂。御史赵炳麟的意见颇具代表性:"盖自前明洪武时,胡惟庸以诛败,遂废丞相府,置内阁以掌机务,承旨而已,施行之权则分寄于六部,所以杜专政之渐也,我朝因之。及雍正时设立军机处,特改题本为折奏,期于文字简易,于军事为便,其范围与内阁固无大异同……然臣闻内阁官制条目称,有凡政府交集议院公议之法律草案,开阁议决之,以总理大臣为议长等语……若据此推行,恐大权久假不归,君上将拥虚位,议院无期成立,下民莫敢谁何,颠覆之忧,将在眉睫……其内阁、军机处,无论归并与否,并易何种名称,应暂仍旧制,以为承旨传宣之地位,不作总擎行政之枢机。一俟上下议院成立之日,乃为责任政府设置之时,先在惟以全力奖励自治,提倡教育,以储绅民政治之知识,以为立宪政法之基础。"①

值得注意的是,他在此对于明清制度变迁和清代政体特质的论述颇为精切。这封奏折间接透射出清末立宪的深层制度困境。清代政体继承了明代君主专制的基本架构。就制度变迁而论,明太祖借由查办胡惟庸案顺势

---

废除相权,此后内阁制度的形成虽然部分恢复相权,但是内阁的非正式性致使其难以完全发挥传统相权职能。清代中期,君主持续打压士人政治,最终构建出更为专制的政体结构,主要表现为君主乾纲独断及军机处、奏折制等制度机制的创设成型。历经漫长时期的制度运转,形成极强的路径依赖。一方面,由于清代政体的制度惯性,皇室对来自政治体系内部可能出现的权臣保持警觉。另一方面,长期存在的君主专制使得君臣共治、分工制衡式士人政治传统短时间很难恢复。由于缺乏士人共治传统,在这种态势下,正如赵炳麟所言,一旦政治体系内部出现权臣,那样的政治危局将难以收拾。这种看法绝非孤立之见,当时清廷内部已有很多官员意识到权臣隐患。御史刘汝骥、石长信、张瑞萌等力陈责任内阁之弊,吏部主事胡思敬因由反对设立责任内阁竟进而反对立宪,军机大臣铁良则试图打压袁世凯势力,内阁学士文海更是直截了当提请清廷将袁世凯撤职贬官。

应予指出的是,赵炳麟推阻设立责任内阁,这并非意味着他是反对立宪的顽固势力,其主要担忧的是内阁权力过大致使出现权臣篡位情况。他试图提出更为稳妥的立宪变革方案,即暂时保留旧的君主与军机处等政治机构,鼓励地方自治,先开设议院而后设立责任内阁。张之洞持有与之相似的立宪思路。相关研究指出:"张之洞通过觐光典向端方宣布政见时,曾明确表示'宜先开国会,后布宪法',并认为内阁的设立必须有国会为之监督,那么,张之洞应该是主张先开议院的。"①可以看出,清廷内部当时出现两种立宪变革思路,一种是以奕劻、袁世凯为主导的先设内阁后开议会方案,另一种是以张之洞、赵炳麟等为代表的先开议会后设内阁方案,而皇室在当时更加倾向于后者。如何理解清廷这种看似悖论的变革路径倾向?就清廷统治

---

① 李细珠:《张之洞与清末新政研究》(增订版),中国社会科学出版社,2015 年,第 306 ~ 307 页。

心理而论,先开议会意味着王室让渡权力,而先设内阁则至少可维持权力在统治集团内部流转。其实不然。政制层面,由于长期缺乏相权及士人共治传统,君主若先将权力移交给责任内阁,则结局很可能是大权旁落、王朝倾覆。尤其在这种高度法家化的政治环境中,皇室缺乏对周围任何重臣的基本信任。相较而论,皇室若将权力转交议会,或许能够维持君主的部分权位。应予以指出的是,清廷宣布为实行立宪留有一定的预备时间,就统治心理而言,这样做既能为创设议会留出时间、拖延立宪进程,亦能在预备期间根据形势采取有利于维持统治的举措。因此,清廷反复权衡利弊,决定先行地方自治开设议会这种相对稳妥的变革方案。

1907 年,清廷中枢政局发生变动,奕劻、袁世凯在与军机大臣瞿鸿禨的政争中胜出,史称"丁未政潮",袁世凯的北洋系政治势力进一步上升。他本人此时则更为高调主张开设责任内阁:"立宪各国,皆用责任内阁之义,使其君主超然为不可侵犯之神圣,故万年共戴一尊。盖立宪国之宪法,恒使国务大臣代任君主之责。"①同年,立宪派政治力量获得长足发展。根据有关研究:"当时的立宪团体可分为海外及国内两部分,起自海外者以'帝国宪政会'及'政闻社'为主,起自国内者以上海'预备立宪公会'势力最大,各省小政团时与联合作请愿之举。"②其中,海外立宪派以戊戌政变后流亡海外的康有为、梁启超等为主导,国内立宪派则以张謇、杨度为代表,两股政治力量存在紧密互动,他们主张清廷从速召开国会。与此同时,立宪进程继续推进。清廷将考察政治馆改为宪政编查馆以作为预备立宪的筹备机构,陆续颁布上谕,在京师设立资政院,于各省地方设立咨议局。作为开设议会的预备机构,资政院和各省咨议局的创设运转是近代中国展开议会政治的重要尝试,

① 袁世凯:《密奏请赶紧实行预备立宪谨陈管见十条》,《袁世凯全集》(第 16 册),河南大学出版社,2013 年,第 334 页。

② 张玉法:《清季的立宪团体》,北京大学出版社,2011 年,第 229～230 页。

尤其是各省咨议局的开设使得立宪派政治力量获得重要制度凭借。

1908 年,清廷的预备立宪进入关键年份。预备立宪公会与政闻社相继致电宪政编查馆督促清廷从速召开国会。而对于社会兴起的立宪力量,清廷的策略是打压与疏导并用。此后,虽然政闻社遭到清廷查禁,但是立宪派政治力量的持续发展已成必然趋势。清廷通过对立宪力量采取软硬兼施策略,意图确保对立宪进程的把控权。8 月 27 日(八月初一),清廷颁布由宪政编查馆、资政院拟定的《宪法大纲》,此即《钦定宪法大纲》,并宣布立宪的预备期限为九年。《钦定宪法大纲》是近代中国第一份宪法性质的文件,然而在该文件最醒目之处却是宣称君主拥有至上权力。自此之后,清末立宪进程的聚焦点便在于君主权力限制和预备期限时长两大议题。11 月,光绪帝、慈禧太后先后辞世,年幼的溥仪继承皇位,其生父载沣任监国摄政王总揽政务。晚清中央政治局骤变,清廷的权力天平逐渐向袁世凯北洋系政治力量倾斜。监国摄政王执政伊始,即着手翦除袁世凯势力以消除权臣隐患。1909 年初,清廷以足疾名义裁撤袁世凯的军政职务。袁氏虽然回籍养闲,但是由于他的私人势力业已遍布军政各界,因而仍能遥控朝政。

在此之后,立宪派政治力量持续上升,他们并不认同清廷设定的九年预备期限,于是以各省咨议局为媒介发起国会请愿运动,督促清廷缩短预备立宪期限从速召开国会。紧张的时局将皇室推向窘境:若仓促召开国会,则短时间内组织的议会力量很有可能会导致政局失控;而若将君权贸然转移给责任内阁,则难保不会出现权臣干政局面。因此,在长期的专制惯性思维作用下,出于统治利益及行政安全考量,摄政王载沣选择了一种他所认为的安全可行方案:成立由皇族主导的责任内阁。最终,皇族内阁的成立导致清末立宪进程急转直下,海内外舆论哗然,立宪派对清廷离心。1911 年 10 月 10 日,武昌起义爆发,清廷不得不重新启用袁世凯,北洋政治势力至此全面掌控清廷政局。此后,北洋系与南方革命派达成"南北和议"。1912 年 1 月 1

日,"中华民国"成立。2 月 12 日,宣统帝下诏退位,清朝覆亡,君主政体终结。

清末立宪存在深刻的结构困境,致使清廷构建近代君主立宪政体的努力最终流产。对比来看,晚清时期的中国与日本虽同属于君主政体,但在构建现代国家的路径方面存在很大差异。近代日本的国家建构是由传统封建政治转型为中央集权现代国家,而中国则自秦代以来便已形成君主集权政治传统。政治现代化的历史基础不同,因而晚清中国制度变迁很难做到仿效近代日本。近代君主立宪政体以议会主权为基本内容,但是清代君权却在王朝前期即已实现法家化重构,儒家士人政治传统遭到严重破坏,高度集权的君权结构致使晚清立宪变革步履维艰。在此可以引入比较政治学的反事实推理方法①,假设清代统治集团入主中原后能够复归儒家传统共治型政体结构,抑或假设晚清立宪时期身处其位的是宋仁宗式的君主且士人政府运行良善,那样的话近代中国君主立宪进程的实现概率或许可以增加一些。然而在当时的历史环境中,伴随儒家士人政治传统的衰退,传统君主政体的制度活力早已荡然无存。更何况即使宋仁宗式君权与近代君主立宪亦存在相当大的距离。实际上,自周秦之变以来,虽然存在儒家士人政治传统,但是高度集权式君主政体一直是传统中国的根本制度困境,这种状况直到近代共和革命之后方能出现扭转的可能。即便清廷能够顺利展开立宪,君主得以由实君转化成虚君,那么亦可推见的是,失去实权的君主也很容易被剥夺君位。一个非常明显的例子是张勋复辟,年幼的溥仪虽然能够暂时恢复帝位,但是失去法术势的君主却再也无法获得国人的推重。

---

① 反事实推理是社会科学领域里一种常用的比较分析方法。美国学者斯梅尔赛将之概括为:"通过与并不存在的资料相联系的简化了的假设,或者是借助于'一般知识',控制设定变化的根源。"([美]尼尔·J.斯梅尔赛:《社会科学的比较方法》,王宏周、张平平译,社会科学文献出版社,1992 年,第 178～179 页。)

## 四、清末君主立宪的理论困境

清末立宪以构建立宪政体为目标,尤其是以仿效近代日本君主立宪制度为思路,其之所以难有收效,除清代君主政体的结构原因之外,还有更深层次的思想原因。在推动政体变革的过程中,清廷所借助的君主理论极为驳杂。各种君主理论之间存在巨大的张力与冲突,最终导致清末立宪无法达成君主政体的合法性证成。

清廷在《钦定宪法大纲》(1908)中宣称:"大清皇帝统治大清帝国,万世一系,永永尊戴。"①就思想背景来看,这一条款借助的思想资源直接搬袭于近代日本的"天皇国体论"。近代日本通过倒幕运动与王政复古展开明治维新。在此过程中,天皇由以往的幕后虚君被推向政治前台。1889年,日本出台"帝国宪法",以法律形式宣称所谓天皇对日本的万世一统且神圣不可侵犯。可以看出,清末立宪出台的宪法大纲中关于君主的条款不啻为日本明治时期宪法的翻版。然而清廷对日式君主制度的移植却无法弥合两国之间思想传统的巨大分野。早在德川幕府统治时期,日本思想领域的所谓"皇国"意识便已然浮现,而宗教领域中的神道教亦持续进展。据当代日本学者渡边浩的相关研究:"那个在德川时代思想史上具有划时代意义、并曾经一时影响过众多知识分子思考的荻生徂徕的儒学体系,从某个侧面来看,也正是因为18世纪中叶以后'泰平'而崩溃,并产生出'皇国'世界观的。"②然而无论所谓"皇国"意识,抑或所谓神道教,显然都不可能与中国思想传统实现对接。比较而论,中国古代君主理论主要由法家传统和儒家传统提供,而两

---

① 故宫博物院明清档案部编:《清末筹备立宪档案史料》(上册),中华书局,1979年,第58页。
② [日]渡边浩:《东亚的王权与思想》,区建英译,上海古籍出版社,2016年,第117页。

者均难与当时清廷照搬来的日式君主论相契合。

先秦法家以法术势构筑君主理论。"故贤而屈于不肖者,权轻也;不肖而服于贤者,位尊也。尧为匹夫,不能使其邻家。至南面而王,则令行禁止。"[①]在战国初期法家慎到看来,君主支配地位的确定完全是凭借威权与势位,因而君主制度并无神秘性可言。假如尧没有处在君主位置,那么他只不过是一个连邻居都无法号令的凡夫俗子。而一旦当他得到君主权位,那么他的号令就可以实现令行禁止。法家君主论在秦代结穴为皇帝制度。秦始皇下诏宣称:"朕惟始皇帝。后世以计数,二世三世至于万世,传之无穷。"(《史记·秦始皇本纪第六》)在此,法家哲学逐渐发展出皇权万世一统的观念,但与近代日本天皇式君主论迥异的是,法家式君主论仍建立在法术势基础之上,而没有神秘性宗教因素。实际上,在秦代皇帝制度出现之时,法家极端的现实主义政治哲学已然将君主制度祛魅。而秦始皇式君主论即所谓万世一统的皇权观念随着秦朝覆亡而消散。

相比之下,传统儒家的君主哲学纷繁复杂,而其中关键在于,儒家传统对万世一统式君主论调持强烈否弃态度。在孔子六经中,尧舜禅让彰显着公天下的政道理念。此后,虽然夏禹传君位于其子标志着华夏秩序转为家天下,但是君权世袭最终并未蜕变为君主万世一系的权力思维。汤武革命是儒家君主理论的重要渊源。在周人的政治意识中,天命论及君德观念已然形成,突出表现在周人对殷周政权更替现象的理解。纣王荒虐无道,民不聊生,商王遭致上天厌弃;而在四方诸侯中,周邦君主世代修德,终获天命眷顾,因而武王伐纣是顺天应人的政治行动。家天下的政权转换思想由此成型,其中关键是天道观念和君德意识的萌发。"维天之命,于穆不已。于乎不显,文王之德之纯。"(《诗·周颂·维天之命》)周文王敬天保民,因而他

---

①　许富宏:《慎子集校集注》,中华书局,2013 年,第 9 页。

的德行最终得与天道相配,后世周王应绍述光大文王的德行。文王德行与天道形成对应,然而这种对应并非对称。天道周转不息,而君主德行却终会衰朽。与之相应,家天下的王朝政权冥冥之中注定有气数将近之时,此时便会出现王朝更迭及政权转换。君主无法与天道相抗,而宜应敬畏天命修养君德,以民为本推行仁政。战国时期,儒家君主论集成于孟子,他重申武王伐纣的正当性并推出民贵君轻理论。另外,荀子提出王道思想,认为理想型王者应兼顾政治与教化,礼乐优于政刑,而政治应以人文化成为依归。

周秦之变以后,汉宋儒学代表儒家传统的两大范式,分别发展出各自的君主理论。西汉前期,儒家基于先秦儒学的思想传统与秦亡汉兴的政治经验重构君主理论。董仲舒依托春秋公羊学建构王道政治,提出大一统和通三统思想。他的大一统思想将君主安置在天人秩序之内,达到屈君主而伸天道的效果。他指出君主应奉天法古,顺承天道施行政教。他以通三统论否弃了秦制与法家哲学的正当性,同时发展了先秦儒家的政权转换思想。"故天子命无常。唯命是德庆。故春秋应天作新王之事,时正黑统。王鲁,尚黑,绌夏,亲周,故宋。"①夏为黑统,商为白统,周为赤统。值得注意的是,董子提出继周者为春秋而不是秦,可以看出他并不认为秦代政权具有正当性。当新的正统王朝建立时,新王应授予之前两个王朝后人以封国,封国之内允许保留先王的宗庙、礼乐、正朔和服饰等。如在周代,周王室将夏代、商代的后人分封为杞国、宋国。应然层面,若以春秋为新王,鲁国则为新王之正统,鲁国君主则需授予周代、宋国的后人以封国,而代表夏代统绪的杞国则需退出三统序列。而在实然层面,春秋战国礼崩乐坏,儒家政道无法得到推行。秦代暴政以致迅速亡国。因此,在西汉公羊学家看来,孔子《春秋》是为汉制法,汉代君主应拨乱反正,遵从孔子所立之法。西汉后期,经师眭弘

---

① 苏舆:《春秋繁露义证》,中华书局,1992 年,第 187 ~ 189 页。

通过辨识灾异提出："汉家尧后,有传国之运。汉帝宜谁差天下,求索贤人,禅以帝位,而退自封百里。"①他由阴阳灾异推出汉德将衰而新王将兴,因此规劝君主顺应天道禅让新君,以便实现王统更新。两汉之际,王莽借助今文经学的政权转换论与古文经学的周公致太平论实现对汉代政权的和平夺取。东汉时期,虽然以春秋公羊学为中轴的今文经学仍为王官学,但是政权转换论却由于东汉朝廷的忌讳而式微,儒家君主论逐渐呈现为三纲理论。

秩序重建是宋代儒家的基本关切,主要包括治统重建与道统建构两个方面。宋代儒家的君主理论则内含在治统重建议题之中。从历史背景来看,五代十国时期,华夏共同体的秩序衰乱已到极点,朝代更迭频繁,政治权威衰败致使秩序重建面临深刻困境。后晋藩镇将领安重荣的言行颇能折射出那个历史时段秩序困境:"重荣起于军卒,暴至富贵,而见唐废帝、晋高祖皆自藩侯得国,尝谓人曰:'天子宁有种邪? 兵强马壮者为之尔!'"②安重荣自普通士卒爬升到藩镇节度使,他由亲历后唐、后晋皇室的发迹过程从而一语道破五代十国的政治逻辑,即天子并无超凡之处,而每个人只要握有足够强大的武力就都有可能成为天子。五代十国时期,皇帝制度在现实政治中已然彻底祛魅。宋太祖赵匡胤亦为行伍出身,除掌握后周的禁军统领权之外,他并不具备成为皇帝的更多权威。如明儒王夫之《宋论》开篇所述:"赵氏起家什伍,两世而为裨将,与乱世相浮沉,姓氏且不闻于人间,况能以惠泽下流系丘民之企慕乎!"③就宋初政治形势而言,若当时的政治权势集团不着手权威重建,宋代很可能会成为五代之后的"第六代"。

因此,宋太祖与太宗通过一系列中央集权举措促成君主政体的权威巩

---

① 班固:《眭两夏侯京翼李传第四十五》,《汉书》,中华书局,1962 年,第 3153 页。
② 欧阳修:《杂传第三十九》,《新五代史》,中华书局,1974 年,第 583 页。
③ 王夫之:《宋论》,中华书局,1964 年,第 1 页。

固。① 与此同时,宋初儒家基于君道、师道、士人政治等方面的理论建构,推动构筑政教秩序。范仲淹(989—1052)高扬天下己任精神激活士人政治,孙复(992—1057)撰写《春秋尊王发微》重塑君主权威,胡瑗(993—1059)创发"苏湖教法"教学东南恢复士人教化。时至南宋,朱熹基于北宋理学提出规范的治统与道统的关系图景,提出以德性君主代表的皇极与儒家士人担当的道统之间的相维互动结构。他的君主理论复杂而又深具张力,在宋明儒家传统中颇具代表性。朱子指出:"天下者,天下之天下,非一人之私有故也。"②在此,他虽默许君主制度的合宜性,但更多是将世袭君主的出现归于天命理势,而非全然出于君主的私心、权术或威势。在宋明儒学的政治理想中,公天下的尧舜禅让优于家天下的君主世袭。再如明末清初大儒黄宗羲的论述:"盖天下之治乱不在一姓之兴亡,而在万民之忧乐。"(《明夷待访录·原臣》)在传统时代,家天下的秩序实然与公天下的政道应然之间存在深刻张力,折射出儒家传统政体理论的基本特点。

由此而言,法家传统虽然高扬尊君思想,但是将君权解析为由法术势构成的权力结构,在理论层面将君主制度予以祛魅。传统儒家并不为万世一统式君主政治思维提供证成,而是基于天命论、君德论与民贵君轻等理论对君主政体加以规约。更为重要的是,儒家一以贯之的公天下政道为近代超克君主制度提供深厚的公共传统和理论潜能。因此,晚清改良派试图在当时的历史环境下保有君主制度,在政治理论层面可谓进退维谷。张之洞在《劝学篇》中只能反复申述三纲理论来为君主制度正名,但是这类政治逻辑在当时已然难以自洽。"若强中御外之策,惟有以忠义号召,合天下之心,以

---

① 关于宋初立国规模的相关研究,参见邓小南:《祖宗之法:北宋前期政治述略》(修订版),生活·读书·新知三联书店,2021 年。

② 朱熹:《四书章句集注》,中华书局,1983 年,第 312 页。

朝廷威灵,合九州之力,乃天经地义之道,古今中外不易之理。"①在其看来,三纲观念在当时尚能发挥凝聚民心的政治功能。然而实际上,这类话语既难以有效凝聚民众的政治认同,亦难以达到逻辑自洽,因而早已是明日黄花。有鉴于此,20 世纪初,梁启超撰写《新民说》尝试重构中国近代国家的国民认同基础。

儒家传统否弃万世一系君权思维,进一步引出一个论题,即君主制度对于儒家传统来说是否不可或缺? 在传统三纲框架下,儒家式君主论展开为父子与君臣两对关系之间的联系,即传统秩序价值中的忠孝关系问题。关于这一论题,有学者认为:"故君主制度实根源于人之自然本性,可谓'自然之光'。至于西洋共和之制,乃建基于血缘关系团体之瓦解,实非自然之理也。"②在其看来,君主制度是个体血亲关系的自然延展,而儒家传统则从个体事父之孝推至事君之忠。由此而言,君主制度与儒家传统看似存在内在关联,而君主制度似乎是儒家传统的必要维度。这类观点似是而非。实际上,传统儒家虽然秉守忠孝价值,但却并不认为事父之孝与事君之忠是同构的,"移孝作忠"更多是出于帝王统治术,而并非儒家传统的基本特质。相关研究指出:"一是自汉至唐,以制度解经义,父子、君臣判然有别,孝、忠截然分立。二是自唐明皇注《孝经》之后,将《孝经》从规范政治的政教大典,转变成君主教民的道德宝训,父子、君臣界限模糊,而忠、孝渐趋合一。"③由此可见,事父之孝与事君之忠存在明显差异,在传统儒学内在理路中,忠孝并非同构。

进一步而论,儒家传统与君主制度虽然存在密切关联,但是两者并非不可分割。如有研究指出:"其一是原始典范观念,它相信历史的开端有一个

---

① 张之洞:《劝学篇》,《张之洞全集》(第十二册),卷二百七十,第 9723 页。
② 曾亦:《共和与君主:康有为晚期政治思想研究》,上海人民出版社,2010 年,第 1～5 页。
③ 陈壁生:《孝经学史》,华东师范大学出版社,2015 年,第 146 页。

政教合一的原始典范,体现于尧舜三代的圣王政治;其二是天道观念的实化,使得天道吸纳了现实秩序的基本皇权体制,从而将之神圣化,绝对化。是这两个思想因素维持了儒家思想中'政教一元'观念的主流趋势。"①然而,虽然传统儒学以政教一元为主流,但是由于天道理论、历史哲学与政学二元等思想传统长期存续,致使这种治道合一的政治结构呈现不稳定性以及更为深层的二元互动性。其实,就传统政治而论,皇帝制度出现于秦代,而儒家并非皇帝制度的始作俑者。在儒学义理框架中,道论层面,生生不息之天道对应着公天下之政道。体论层面,天道实体化的重心主要落在士人政府而非君主制度上。总而言之,传统儒家认为尧舜之道优于夏商周三代之道,可以推定,一旦条件具备,儒家传统则会超克三代之治进而折返尧舜之道。因此,19世纪末20世纪初,当共和时刻出现时,传统儒家蕴含的公天下政道潜能与近代共和政治产生共振,使得共和政体得以落成于现代中国。而在清末立宪后期,儒家传统即已出现清晰的共和转向,典型如立宪派张謇所论:"窃谓宜以此时顺天人之归,谢帝王之位,俯从群愿,许认共和。昔尧禅舜、舜禅禹,个人相与揖让,千古以为美谈。今推逊大位,公之国民,为中国开亿万年进化之新基,为祖宗留二百载不刊之遗爱,关系之巨,荣誉之美,比诸尧舜,抑又过之。"②

清末立宪时期,作为立宪派重要领导者,张謇等组织地方咨议局多次发起国会请愿,敦促清廷从速召开国会。武昌起义后,他致电并规劝清廷放弃帝制接受共和,积极促成南北议和,部分立宪派的共和转向为当时政体转型与政权实现相对平稳过渡起到很大作用。相关研究指出:"他们(立宪派)要

---

① 张灏:《传统儒家思想中的政教关系》,载氏著:《幽暗意识与时代探索》,广东人民出版社,2016年,第101页。

② 张謇:《辛亥九月致内阁电》,《张季子九录》(一),张孝若编:《民国丛书》(第三编),上海书店,1991年,第42页。

求早日召开国会,实现君民共治的理想。不幸他们再三受到挫折,心理为之大变,转而同情革命,辛亥武昌起义之后,他们的行动举足轻重。"①除政治心理和时局因素之外,立宪派深厚的儒学背景亦构成其转向共和的重要原因。可以看出,张謇当时依托的主要理论资源正是儒学传统尤其是尧舜禅让体现的公天下政道。因此,儒家公共传统与近代共和政治之间存在深度契合,为部分立宪派的共和转向提供立论基础。

至此,我们基本完成对儒家传统与晚清君主立宪变革的互动分析。康有为激进孔教论未能在清廷内部搭建变革共识,而维新变法随后在激烈的政争中戛然而止。相比之下,就改良式变革路径而论,张之洞的中体西用式变革思路相对稳健,更能获得当时清廷主要政治力量的支持。在他引领下,清末新政在初期得以有序展开。以学制变革为起点,清末新政通过官制变革激活士人政府的制度活力,在推动政治近代化方面取得一定效果。然而当新政变革推进到君主制度层面时,因无法突破帝制政体的政学困境而中止。张之洞的稳健式变革思维、中体西用论等对儒家传统的现代转型具有一定启示意义。然而应予指出的是,他的儒学转型论亦存在深刻局限,尤其是对儒家传统缺乏理性反思,致使儒学现代转型难以达成。随着君主政体的覆亡,儒家传统开启共和转型进程。

① 张朋园:《立宪派与辛亥革命》,上海三联书店,2013 年,第 187 页。

# 第四章　新传统主义共和观的建构与困境

在儒学近代转型历程中,章太炎与康有为处在遥遥相对的两个极点。传统儒家的学术形态主要为经史之学,康有为将儒家的经学路径推向极致,而章太炎则将儒家的史学路径推向极致。众所周知,在政论方面,两人也恰好相对,康有为支持君主,章太炎主张共和;康有为主张改良,章太炎倡导革命。因此,章太炎与康有为分别代表着儒家政学结构近代转型的两种思路,两者之间存在极大分野且交织互动。

章太炎的思想学说纷繁复杂,以深具变化著称。一种经典的诠释方式是将章太炎早年视作投身共和革命的激进主义者,而晚年则转向文化保守主义者。此外,王汎森认为:"章太炎在思想最活跃的时期,既反对毫无保留地吸收西学,却又对传统重新加以塑造。"①他用"传统的非传统性"描述章太炎思想的总体特点,颇为精当。汪荣祖则将章太炎视为近代中国文化转换中的"文化多元论者",认为章氏以此为基构建契合中国传统的共和政治。②由此可见,传统文化的现代转型与近代中国的政体变革均为章太炎的核心关切。本书拟将章太炎的思想学说看作儒家传统与近代共和互动的一种典

---

① 王汎森:《传统的非传统性——章太炎思想中的几个面相》,载氏著:《章太炎的思想——兼论其对儒学思想的冲击》,上海人民出版社,2012 年,第 11 ~ 13 页。
② 参见汪荣祖:《康章合论》,新星出版社,2006 年,第 126 页。

型方案。儒学方面,章太炎在与晚清今文经学的持续对抗中将古文经学推向极端,经学由此走向历史化,儒家传统受到更为猛烈的冲击。政体理论方面,他早年由支持变法维新转向鼓吹排满革命,他的共和观迥异于近代法国和美国的共和理论,呈现出历史民族主义、平民主义和新法家政治等纵横交织的复杂状态。

关于章太炎学术思想的总体特点,侯外庐的论断颇为经典:"这种运用古今中外的学术,糅合而成一家言的哲学体系,在近世他是第一个博学深思的人。"①章太炎的思想学说体大精深,相关研究文献汗牛充栋。限于篇幅,本书在此紧扣儒家与共和的互动这一议题,探讨章太炎的学术思想及政体理论,展开分析他对传统学术现代转型与共和政体的深邃思考。

## 一、"夷六艺为古史"

古文经学是章太炎政治思想的始基。章太炎的学术思想在不同时期虽迭经嬗变,但是对古文经学的持守却贯穿其学思历程始终。一种观点认为,古文经学渊源于西汉末期,由经师刘歆创发,东汉时期逐渐发展成与今文经学分庭抗礼的儒学流派,其后盛行于魏晋六朝及隋唐时期。其实不然。根据钱穆先生考证:"夫汉人仅言'古学',不言'古文学';仅言'古文',不言有'今文';更无论有所谓'今文学'。"②就此而论,今文经学与古文经学的分野并非汉代儒学的实相,而是出自晚清儒者的思想建构。随着常州今文经学的兴起,晚清儒者的学术门户倾向愈加严重,至廖平作《今古学考》,以礼制平分汉代经学典籍,遂形成今文经学与古文经学的对峙格局。晚清今文经

---

①　侯外庐:《近代中国思想学说史》,生活·读书·新知三联书店,2013 年,第 1332 页。
②　钱穆:《两汉博士家法考》,载氏著:《两汉经学今古文平议》,商务印书馆,2001 年,第258 页。

师主张,孔子制作六经,为后世创制立法。与之针锋相对,晚清古文经师认为,六经为古史,孔子传承六经是述而不作。

古文经学的主要观点是六经皆史。关于这一学说,以清代经史学家章学诚(1738—1801)最为代表。乾嘉时期,章学诚基于西汉刘歆的经学理论提出:"六经皆史也。古人不著书,古人未尝离事而言理,六经皆先王之政典也。"①六经是尧舜三代的官方档案,尧舜三代之时,私家并不著述,因为古人并不空说义理,而是基于现实经验推导政治原理,因而六经其实是尧舜三代圣王典章的记录和承载。"故道者,非圣人智力之所能为,皆其事势自然,渐行渐著,不得已而出之,故曰天也。"②道并不是圣人的创造,而是来源于人类政治经验的渐进积累,当这种积累进展到一定阶段时,道便自然展露,圣人所起的作用只是将道加以提炼成为典章制度。"自有天地,而至唐、虞、夏、商,迹既多而穷变通久之理亦大备。周公以天纵生知之圣,而适当积累古留传,道法大备之时,是以经纶制作,集千古之大成,则亦时会使然,非周公之圣智使之然也。"③华夏共同体历经唐尧、虞舜、夏、商等漫长时期的演进积累,政治规模至周代已臻完备,此时恰逢圣王周公在世,他将之前历代积累的政治经验凝定为周代典章制度,由此奠定其为尧舜三代之治集大成者地位。"周公集治统之大成,而孔子明立教之极,皆事理之不得不然,而非圣人异于前人,此道法之出于天者也。"④时至春秋时期,周代典章秩序崩坏,孔子继承周公的礼乐法度并以之教化平民弟子,形成后世治教二元政治秩序传统。周公集治统大成,孔子则集教统大成,而孔子之教是对周公之道的摹写与宣达。在此,章学诚建构出由三代治教合一到春秋治教分离的政学结构

---

① 章学诚:《文史通义校注》(上册),叶瑛校注,中华书局,2014 年,第 1 页。
② 同上,第 119 页。
③ 同上,第 121 页。
④ 同上,第 122 页。

变迁图景："自诸子之纷纷言道，而为道病焉，儒家者流，乃尊尧、舜、周、孔之道，以为吾道矣。道本无吾，而人自吾之，以谓庶几别于非道之道也……古者道寓于器，官师合一，学士所肄，非国家之典章，即有司之故事，耳目习而无事深求，故其得之易也。后儒即器求道，有师无官，事出传闻，而非目见，文须训诂而非质言，是以得之难也。"①

　　在这一图景中，经学与儒学的关系得到重新厘定。尧舜三代时期，官师合一，政治与教化未尝分离，封建贵族子弟通过学习先王故事与时王典章进而为政莅民。春秋时期，周代王官学瓦解，诸子百家起于民间，纷纷著书立说以教平民子弟，孔子虽为诸子之一，但与其他诸子不同的是，孔子以六经教学。由于六经是周公集成的先王典章记录，并非孔子的私家著述，而由孔子开创的学术流派便是儒家。换言之，儒家在形式上是诸子私学，但是在内容上却是周代官学。因而章学诚指出，后世儒者认为六经之中蕴含孔子的私家见解，这类观点其实存在很大误解。真正的儒者应该是经师，他们必须严格遵照孔子之学教化民众，恰如孔子严格遵守先王政典以教平民。"东周以还，君师政教不合于一，于是人之学术，不尽出于官司之典守。秦人以吏为师，始复古制……后世之去唐、虞、三代，则更远矣。要其一朝典制，可以垂奕世而致一时之治平者，未有不于古先圣王之道，得其仿佛者也。故当代典章，官司掌故，未有不可通于《诗》《书》六艺之所垂。"②

　　章学诚由"六经皆史"推出"尊时王之制"，其中蕴含的政学逻辑耐人寻味。东周以后，治统与学统分离，治统由历代君主承当，而学统却呈现诸子争鸣的状态。六经是道的承载，又是尧、舜和三代圣王的政治典章。这意味着，六经之道是完备的，但却是过去某个确定的时间区段内业已达成的。因

---

① 章学诚：《文史通义校注》（上册），中华书局，2014 年，第 138 页。
② 同上，第 232 页。

此,对于东周以后的学者而言,在"体"的层面,他们要师从经师,严格遵照训诂方法研习六经,当然这样做并不足够,原因在于,六经虽然是先王实事与圣王之言的完备融合,但是六经所蕴含的"实事"已成过去,为学之人研习六经仅能保证他们通晓道体,然而却很难做到致用。补救的方法是,在"用"的层面,为学者还要以吏为师,研习时王的典章制度,如此才能做到体用兼备。而为学者只有体用兼备,才能够成为合格的为政者,进而真正达到经世致用。章学诚的论证逻辑中隐含的关键预设是,秦代典章制度与尧舜三代典章制度在政道层面只是量的不同,而非质的差异。进一步地,秦以后历代政治都与三代政治具有相通性,因为从后果上看,秦代及以后历代政治都能取得一定程度的治理效果,由此可以推断,包括秦代在内的历代典章制度之中均蕴含六经之道。因此,士大夫应该以吏为师,研习时王政治以求通达先王之道。

章学诚"以吏为师"的经学推论深具风险性。在此,秦代法家政治悄然得到了正当化证成。显然,这种推论对于历代主流儒家传统而言都是异常陌生的。在周秦之变这一关键议题上,历代儒者对此的态度都是非常清晰明确的。甚至可以说,反对秦政及法家申韩哲学是儒家传统一以贯之的逻辑主线。这种情形在战国时期便已确立,典型如孟子所论:"仲尼之徒无道齐桓、晋文之事(者)。"(《孟子·梁惠王上》)在孟子思想中,尧舜三代王道与春秋战国霸道是截然不同的两种政治哲学。此后,汉代儒学更是将法家秦政视作洪水猛兽。有学者指出:"汉朝的开国靠的是反秦去楚,反秦是主流,去楚是暂时的;而他的哲理思想的确立也是一样的,通过反秦(反狭义申韩)和去楚(去黄老学)达到。"① 在宋明主流儒学中,秦政及法家政治哲学难有立足之地。即使是南宋王霸之辩中的陈亮,他虽然承认汉唐政治与三代

① 张祥龙:《拒秦兴汉和应对佛教的儒家哲学》,广西师范大学出版社,2012年,第56页。

之治的差异只是程度上的,但是他也很难认同法家秦政与三代之治在政道层面具有相似性。更遑论理学宗师朱熹,他对三代之治与秦以后政治的二元论断更是千载之间令人荡气回肠:"千五百年之间,正坐为此,所以只是架漏牵补过了时日。其间虽或不无小康,而尧舜三王周公孔子所传之道,未尝一日得行于天地之间也。"①从宋明儒学的道统论来看,章学诚"六经皆史"的逻辑推论意味着道统与治统关系的颠转,"以吏为师"极易使君主治统获得打压儒家道统的合理性,这是清代儒家道统被皇权扭曲压制的现实写照。其实,章学诚的经史论说主要针对清代汉学"碎义"和宋学"空言"时弊而发,他为后世留下颇多启发性的经学论断,然而他的解决方案却是矫枉过正的。清末民初,在章太炎的思想学说中,我们可以看到章学诚经史观所蕴含的破坏力量得到充分释放,最终的思想效应是,不仅儒家政学结构遭到颠覆性解构,而且整个传统政治的正当性亦发生巨大偏移。

　　已有研究指出,虽然同样主张六经皆史,但是章太炎与章学诚的经史理论之间并不存在承继关系。② 在此,仍有必要将两者加以比较分析,以便更为清晰地呈现章太炎的经史学说。章太炎虽然承继"六经皆史"的论断,但他并不认为六经是先王时代的官书政典。"以是比况,古之作者,剙制而已。后生依其式法条例则是,畔其式法条例则非,不在公私也。"③六经与其他类型古籍的区别在于体例形式,而不在于作者身份是来自官方还是民间。六经作者创作经书的同时创发一定的体例形式,后世之人依照这一体例格式著成的书,都有可能成为新的经书。六经未必都是官书,同时官书也未必与先代六经具有相通之处。相比而言,章学诚将六经界定为先王政典,并且

---

　　① 朱熹:《答陈同甫》,《晦庵先生朱文公文集》,朱杰人等编:《朱子全书》(第二十一册),第1577页。

　　② 参见张荣华:《章太炎与章学诚》,《复旦学报》(社会科学版),2005年第3期。

　　③ 章太炎:《原经》,《国故论衡》,商务印书馆,2010年,第88页。

认为六经中蕴含的秩序之道是完备的,因而他的经学体系是闭合的。而章太炎的经学系统则相对开放,也就是说,除《易》《诗》《书》《礼》《乐》《春秋》之外,后世之人所著之书也有可能被划入经书范围。当然,这种开放性要受到经书体例的限定。进一步地,章太炎并不认同六经承载先王政道,而只认为六经是特定形式的先代史书。

在理论层面,章太炎经史学说的形成主要受到三种学术思潮的影响。其一,乾嘉学派的考据学经学路径。章太炎青年时期求学诂经精舍,师从经学考据学派大师俞樾,打下坚实的经史学术基础。虽然他此后因政论分歧而与其师分道扬镳,但是在学术思想层面,章太炎基本认同晚清考据学派的经学方法,并在此基础上予以更新转化。其二,经由严复译介的西方进化论思潮。章太炎早年心折于进化论,其后受法相唯识学影响提出俱分进化观,转而对进化论提出批判。虽然章太炎对进化论的态度由认同转向批评,但在他后期的经史学说中仍能或多或少地看到进化论的影子,如他以进化论分析历史中国政治社会与传统学术变迁。其三,对康有为今文经学孔教论的批判。章太炎与晚清今文经学孔教论者的对峙是近代中国颇为瞩目的思想现象。青年时代的章太炎曾是康有为推动的维新变法支持者,然而,由于在梁启超主持的《时务报》报馆供职时与康门弟子发生冲突,他与康有为的关系恶化。"章太炎不同意康有为'倡言孔教'。康有为门徒竟至'攘臂大哄',章太炎愤而离开《时务报》。"①

在这场偶然风波的深层,是康章二人之间的学术与政论分野。俞樾曾对章太炎有言:"尔自言私淑刘子骏,是子专与刘氏为敌,正如冰炭矣。"②由于学术背景差异过大,章太炎很难认同康有为的今文经学观点;而对于康氏

---

① 汤志钧:《章太炎年谱长编》(上册),中华书局,1979年,第43页。
② 章太炎:《自定年谱》,《太炎文录补编(下)》,《章太炎全集》,马勇整理,上海人民出版社,2017年,第754页。

孔教论主张，他更是加以猛烈批判，这一学术立场终其一生从未松动。依托古文经学，章太炎对两汉经学的演变历程予以重构："布六籍者，要以识前事，非谓旧章可永循也。汉初古文既不远布，而仲尼名实已高严矣。诸儒睹秦余敝法，欲有更易，持之未有其故，由是破碎六籍，定以己意，参之天官、历象、五行、神仙诸家，一切假名孔氏，以为魁柄，则六籍为巫书。哀、平之间，《周官》《左传》始兴，神道渐襓。更二百年，而得黄初。后王所以更制者，未尝不随时经变，何乃无进取哉？"①

在他看来，孔子订六艺是修史而非作经，目的是记录先代历史，而非确立不可变更的法度。西汉初期，古文经学典籍传播范围有限，因而为今文经师曲解六经留下空间。当时儒者群体试图革除秦制积弊，同时欲为变革寻求理论依据，因而各自分别以己意诠释六经，在其中掺杂天文历法、五行乃至神仙方术诸家之学，以孔子为素王，假托六经为孔子所立之法。在今文经师的建构下，六经近乎沦为巫术之书。至西汉哀帝、平帝时期，随着《周官》《左传》等经典广为传播，古文经学兴起，逐渐祛除今文经师的神怪之说。此后历经二百余年，至三国时期，古文经学最终取代今文经学的显学地位。因此，后世为政者须因时变革典章法度，不应泥古不化。

其中，章太炎对董仲舒批评最为猛烈："董仲舒以阴阳定法令，垂则博士，神人大巫也。使学者人人碎义逃难，苟得利禄，而不识远略。"②在他看来作为今文经学的中心人物，董仲舒附会阴阳五行学说建构经学体系。汉武帝设立五经博士，以今文经学作为官学。今文经学神怪之说由此成为博士家法。就此而论，董仲舒实为神人大巫一类的人物。在官学系统中，当时众多儒者产出诸多家法章句，导致经学碎片化；同时儒者为利禄而传授经学，

① 章太炎：《订孔上》，《检论》，《章太炎全集》，朱维铮点校，上海人民出版社，2014 年，第431 页。

② 章太炎：《学变》，《检论》，《章太炎全集》，第451 页。

缺乏实际的政治远略与政务能力,儒家经世精神出现异化。

关于今文经学与古文经学的关系,章太炎提出:"大抵古文家借今文以成说者,并宜简汰去之,以复其真。"①西汉今文经学派的产生时间要早于古文经学派。今文经学的解经方式主要表现为阐发微言,在演变过程中附会掺杂大量神怪学说。古文经学派出现的时间稍晚,虽然不可避免要沾染今文经学的部分学说,但是总体而言,古文经学的解经方式是订实求真。因此,古文经学在发展过程中不断淘汰今文经学的神怪学说进而复归《六经》本真:"《六经》皆史之方,治之则明其行事,识其时制,通其故言,是以贵古文。古文者,壁中所得,河间所写,张苍所献是已。《书》《礼》得于孔壁,《周官》得于河间,《左氏》献于张苍……传记有古、今文;今文流别有数家,一家之中,又自为参错。古文准是。又古文师出今文后者,既染俗说,弗能弃捐,或身自傅会之,违其本真。"②

章太炎根据《六经》性质指示出最优解经原则,同时划定汉代古文经学典籍的基本范围。六经是先民之史,解经相当于读史,因而恰当的治经方式在于明晰六经中的历史记事、辨识先代的典章制度以及通晓先人的言辞文章。古文经学派解经重在客观求真,而今文经学派则侧重主观阐释,依此而论,古文经学要优于今文经学。古文经学典籍的三个主要来源具体包括:其一,汉初,北平侯张苍将《左传》献于朝廷祕府收藏;其二,汉景帝时期,河间献王由民间征得《古文尚书》《周官》等古文经书;其三,汉武帝末年,鲁恭王拆除孔子旧宅以扩建宫室,在旧宅壁中发现《古文尚书》《礼记》《论语》《孝经》等古文经籍。汉代今、古文经学于各自发展过程中不断分化为诸多流派,而古文经师解经时往往会受到先前今文经学的影响而沾染部分神怪学

---

① 章太炎:《原经》,《国故论衡》,商务印书馆,2010 年,第 94 页。
② 章太炎:《明解故下》,《国故论衡》,商务印书馆,2010 年,第 108 页。

说,因此后世经师亦应对汉代古文经学进行分析甄别。清代经学以汉学为旗帜,章太炎对此亦多有针砭,由此可以折射出他对于汉代经学的整体评价:"清世言《公羊》已乱视听,今《公羊》之学虽废,其余毒遗蠚犹在。人人以为旧史不足信,则国之本实蹶矣……余谓清儒所失,在牵于汉学名义,而忘魏晋幹蛊之功。夫汉时十四博士,皆今文俗儒,诸古文大师虽桀然树质的,犹往往俛而汲之,如贾景伯、郑康成是也……黄初以来,始立《毛氏诗》、《左氏春秋》,《尚书》亦取马、郑,而尽废今文不用……贾、服于传义诚审,及贾氏治《春秋经》,例本刘子骏,既为杜氏《释例》所破,质之丘明传例,贾氏之不合者多矣。"①

他对清代的春秋公羊学说嗤之以鼻,认为公羊学者将《春秋》比附为孔子托古改制之书,这样做会使国人怀疑先秦古史的真实性,进而导致现代国家由以构筑的历史根基发生动摇。章太炎对晚清公羊学说尤其是康有为孔子托古改制论的批评存在个人意气因素,但是亦应指出,康有为将尧舜三代之治完全认定为孔子托古,这在当时确实存在导致国人怀疑先秦历史真实存在性的学理隐患。章氏进一步指出,清代儒家的缺失在于对两汉经学过度拘泥,而没有认识到魏晋经学祛除神怪、返本归真的治学功绩。西汉中期立于官学的十四位经学博士都是信奉今文经学的俗儒,而此后崛起于民间社会的古文经学经师,如贾逵、郑玄等,他们研治经学虽然能够求实征信,但是却不可避免地带有部分今文经学家的主观附会。直到三国曹魏黄初年间,研治《毛诗》《左氏春秋》及马融、郑玄所传《尚书》等古文经学经师被立于学官,两汉今文经学至此才被裁汰。春秋学方面,东汉经师贾逵、服虔传授的《春秋》左氏学虽然精审,但是他们研治春秋学的义例多来自刘歆,而刘歆所作

---

① 章太炎:《汉学论上、下》,《太炎文录续编》,《章太炎全集》,黄耀先、饶钦农、贺庸点校,上海人民出版社,2014 年,第 1~3 页。

的春秋左氏学义例则在西晋时期经由杜预加以驳正。依经学演进而言,两汉时期,古文经学胜过今文经学,而魏晋经学则在诸多方面优于两汉经学。

章太炎将六经界定为特定形式的先代史书。他的这一学术论断对传统经学产生强力冲击。在经学传统中,虽然六经形式是史书,但是六经内容却是常道。六经记载着尧舜三代的政治变迁,历代儒者从六经记载的礼乐典章及诸个历史事件之中推演政治义理与秩序常道。章太炎则将六经转化为古史,并对尧舜三代时期的历史事件进行全新解析。在其所重构的先秦史图景中,传统儒学基于尧舜三代政治所提炼的政道理念不复存在。"俗士观于尧、舜之胈形胝足,以忧劳黔首,而曰'宪章'者,过之……余以后圣之作,必过于先民……观于《世本》,二帝者,皆黄帝胄也。湘之二妃,于舜则兄,其曾祖王父,嫔之尚之,而惔若无所怍。禹、汤、文、武作制以六世,亦未能革也。怍其亵宗,使百世不通者,独有公旦。"①

章太炎指出,俗士误将尧舜看作贤能的君主,这是因为他们误认为上古君王尧舜胼手胝足是为民事操劳所致。后世圣王必然会比尧舜贤良,因而尧舜政治不足以被立为典范。根据《尚书·尧典》记载,帝尧将自己的两个女儿许配给舜以观其治家之法,舜能够使得二女和睦相处以行妇道,帝尧于是知晓舜具备齐家的德行。在此,章太炎根据《世本》指出,尧舜在血缘上同属于黄帝的后代,舜取尧的女儿做妻子,相当于舜与同姓女性长辈结婚,而尧舜对此却丝毫没有感到羞愧,由此能反映出上古时代人类婚姻关系的混乱。此后,夏禹、商汤、周文王及武王等各代君主都没能革除这种混乱的婚制,直到周公时期,周礼确立同姓不婚原则,才使华夏共同体的婚姻制度渐入正轨。

章太炎的《尚书》学说并不吸纳由尧舜禅让体现出的公天下政道理念,

---

① 章太炎:《独圣下》,《訄书初刻本》,《章太炎全集》,朱维铮点校,上海人民出版社,2014 年,第 103 页。

而是试图解构以尧舜三代政道为主体的经史传统。"唐虞之世,诸侯分立,
自理其土,彼帝者犹霸主耳……群后未有翼戴之言,而唐尧私以授舜,必不
得也。"①章太炎根据当时政治形势指出,上古时代,诸侯各治一方,帝尧只是
华夏各个诸侯的盟主,在没有获得其他诸侯认可的情况下,唐尧不可能将帝
位禅让给虞舜。换言之,章太炎虽然相信尧舜禹等上古君主是实际存在的,
但是他却并不认为由当时的政治变迁能够推导出包含有一定公共性的政治
理念。对于儒家传统政道而言,章太炎的古文经学蕴含强烈的解构效应。

与之相比,传统儒家之所以将尧舜政治奉为圭臬,是因为他们可以由尧
舜禅让的这一历史事件推导出公天下的政道理念。换言之,在儒家经学体
系中,尧舜之道蕴含着深厚的公共性政治思想资源。尧舜二典在六经系统
中的地位非同一般,这在儒家《尚书》注疏系统有着充分地体现。如唐儒孔
颖达对尧舜二典的疏解:"典者,经中之别,特指尧、舜之德,于常行之内道最
为优,故名典不名经也。"②尧舜二典是尧舜政道的记录与承载。"经"为常
道,其中"典"处于常道系统中的最优位置。在传统儒者看来,《尧典》与《舜
典》之所以能成为经典,是因为尧舜禅让这一历史事件之中蕴含公天下的政
道理念。再如宋儒蔡沈《书集传》中的解析:"二帝三王治天下之大经大法皆
载此书……然二帝三王之治,本于道;二帝三王之道,本于心。得其心,则道
与治固可得而言矣。"③可以看出,在宋明理学家的注疏系统中,尧舜三代之
治既是具有典范意义的政治模式,也是儒家士人正心修身的德行范本。宋
明儒者试图依据六经之道规约为政者的政治行为与政治德行,从而达到规
训政治权力的效果。历代儒者对尧舜三代政治所作的建构性诠释,积累形

---

① 章太炎:《尚书故言》,《演讲集(下)》,《章太炎全集》,章念驰编订,上海人民出版社,2015
年,第641页。
② 孔安国传、孔颖达疏:《尚书正义》,黄怀信整理,上海古籍出版社,2007年,第34页。
③ 蔡沈:《书集传》,钱宗武、钱忠弼整理,凤凰出版社,2010年,第1页。

成中国古代政治的公共性思想传统。进一步而论,儒家士人之所以将尧舜三代之治赋予如此多的政道价值,是因为尧舜三代之治为儒者提供了评判以及变革现实政治的范本。与此同时,六经文本亦为后世思想家提供了充足的思想诠释空间。

章太炎的先秦史叙事与他的古文尚书学密切相关。他将《尚书》看作先秦史书,而孔子删定《尚书》是修史而非作经。因此,在史料层面,与《尚书》相比,先秦时期的其他文献亦可等量齐观,因而可以作为重构先秦历史叙事的文献依据。他尤其重视《逸周书》的文献价值,依据《逸周书》订正传统尚书学的西周史叙事。"(周文王)兵入王畿,斩馘无忌,是明与纣为敌,其势不容不称王。"①针对传统今文经学的文王受命理论,章太炎试图重新建构殷周之际政治史叙事。他指出,周文王征伐殷商历经了长期的历史过程,文王曾率军进入商代王畿并大肆杀伐,形成与商王的对峙之势。在实力增长到一定阶段时,文王凭借形势称王,并非依德行而承受天命。相比而论,在传统儒学看来,文王受命论中包含着天命转移思想。因为天命无常,所以君主只有做到敬天保民才能维持政治体的稳定。传统儒者试图依托文王之道规范君主的政治行动。天命转移的观念透射出古儒所秉持的公共性政道理念和民本思想。相比之下,在章太炎的先秦史叙事中,殷周之际的政治变迁仅仅体现出朝代更迭式的权势转移,而不再包含天命民本等公共思想要素。

进一步地,章太炎引用《逸周书·世俘解》解读武王伐纣:"观其所言,知'武王伐纣,杀人盈亿'。语虽过甚,要之,总不能尽诬,此与后之项羽伐秦何异?"②章太炎指出,武王伐纣与项羽伐秦类似,体现强力政治,其中并不含有

---

① 章太炎:《古文尚书拾遗定本》,《章太炎全集》,马勇整理,上海人民出版社,2015 年,第 282 页。

② 章太炎:《论读经有利而无弊》,《演讲集(下)》,《章太炎全集》,马勇整理,上海人民出版社,2015 年,第 569 页。

如传统儒者所论的民本主义革命观念。同时，在章太炎的春秋学中，我们亦可以发现相似的经学诠释："《春秋》始有编年之法，史法于是一变，故不可谓《春秋》之作专为拨乱反正也。宋儒以为《春秋》'贵王贱霸'，此意适与《春秋》相反。《春秋》详述齐桓、晋文之事，尚霸之意显然……以故孔子不得不观书于周史也。既窥百国之书，贯穿考核，然后能笔削一经尔。"①

章太炎春秋学的基本观点是，《春秋》为孔子所修之史，而非其所作之经。孔子根据周王室所藏文献以及史书体例著述《春秋》，价值在于创发出编年体这一史书体例。而孔子修春秋的政治意图在于保存国史而非表彰王道。在他看来，历代儒者普遍认为《春秋》崇尚王道贬黜霸道，这恰与《春秋》本旨相反。《春秋》详细记载着齐桓公、晋文公等诸侯霸主的事功，根据齐桓晋文之事在文本中占有很大的篇幅比重，可推出《春秋》偏重霸道政治，而非王道政治。

就儒家经学的近代演变而言，康有为的孔教化经学与章太炎的历史化经学代表两种极端的经学诠释路径，折射出传统儒学在近代面临着深刻危机。儒学的现代转型困境既来自近代西方学术的冲击，亦源于传统儒学自身。就儒家经学的义理结构而言，传统儒家政治哲学以历史哲学的形式表达，而历史哲学则立基于关于尧舜三代的历史叙事之上。"许多宋明儒者认为天理是宇宙间一切的准则和典型，而这准则和典型是在历史的肇端曾经实现过的。这就是所谓的尧舜三代之治。"②一旦经学的古史叙事遭到冲击，传统儒家政治哲学的立论根基便会出现动摇。而随着近代西学东渐的展开，儒家经学的古史叙事必然会面临来自西学如进化论史观的冲击。面临近代儒学的危机，康有为试图将经学孔教化以完成经学的近代转型。然而

---

① 章太炎：《经学略说》，《演讲集（下）》，《章太炎全集》，马勇整理，上海人民出版社，2015 年，第 930～931 页。

② 张灏：《宋明以来儒家经世思想试释》，载氏著：《幽暗意识与民主传统》，第 88 页。

六经却由此变成孔子的教义,意味着传统儒学发生异化。相比之下,章太炎的策略是将六经转变为上古先民历史,而随着六经历史化的推进,经学之中蕴含的公共性政道理念亦遭到解构。因此,对康有为或章太炎而言,在保有传统经学的公共政道价值的同时完成经学的现代转型,这本身即是一种难以平衡的两难困境。

## 二、新诸子学的曲折展开

在章太炎的学术体系中,诸子学居于主轴地位。通过对传统学术的吸收转化,他构建出博大精深的学说系统。晚清古学复兴有着复杂的历史背景。甲午战争以后,近代中国面临空前严重的政治危机。时贤越来越意识到仅凭传统儒学难以应对历史变局,因而他们在吸收西学的同时,推动复兴儒学以外的其他非正统的传统学术。在古学复兴的潮流中,章太炎的新诸子学可谓独树一帜。他的诸子学研治思路,既不同于西学中源论者的文化自我中心主义,亦有别于寻找传统学术与西学相似性的比附式论说,而是兼顾会通与存异两种路径。他一方面广泛吸收西学,并以之作为参照,对中国传统学术予以批判;另一方面则兼收中国传统诸子学说之精义,将之贯通为有机的系统,以此反思西学的短板和不足。"盖中国学说,其病多在汗漫。春秋以上,学说未兴,汉武以后,定一尊于孔子,虽欲放言高论,犹必以无碍孔氏为宗。强相援引,妄为皮傅,愈调和者愈其失真,愈附会者愈违其解故……惟周秦诸子,推迹古初,承受师法,各为独立,无援引攀附之事。"①

章太炎将汉武帝独尊儒术作为传统学术发展演变的分水岭,在此之前

① 章太炎:《诸子学略说》,载姜义华编:《中国近代思想家文库·章太炎卷》,中国人民大学出版社,2015 年,第 294 页。

是诸子独立发展时代,之后则进入孔学独尊时代。在他看来,西汉中期以后,儒学独尊,传统学术发生蜕变,突出表现为学术创新需依傍孔子六经之学展开,学者或调和儒学与其他诸子之学,或附会儒学来进行理论创发。由此带来的消极后果是,传统学术逐渐成为汗漫之学,漫无崖略、模棱两可且缺少通贯。相比之下,周秦诸子之学各自秉守师法与逻辑自洽,独立发展自家学理。因而在他看来,古学复兴需破除儒学独尊局面,复归百家争鸣的学术格局,在重新发现诸子学的基础上实现近代转型。

周秦诸子虽彼此存在巨大分野,但亦有共通之处。西汉史家司马谈《论六家要旨》有言:"夫阴阳、儒、墨、名、法、道德,此务为治者也。"①诸子之学的主轴均为政治理论,旨在构建良善的政治社会秩序。就此而论,章太炎的思想学说继承了先秦诸子的理论品格,试图为近代政治变革寻求传统学理支撑。他的诸子学体系呈现为两条主线交织互动的态势,其一为他对传统儒学的批判与复归,另一则是他对包含佛学在内的诸子之学的综汇与整合。"虽然,有商订历史之孔子,则删定《六经》是也;有从事教育之孔子,则《论语》《孝经》是也。由前之道,则流为经师;由后之道,其流为儒家……盖儒生以致用为功,经师以求是为职……用儒家之道德,故艰苦卓厉者绝无,而冒没奔竞者皆是……用儒家之理想,故宗旨多在可否之间,议论止于函胡之地……然儒家、法家、纵横家,皆以仕宦荣利为心,惟法家执守稍严,临事有效。"②

章太炎的儒学理论建立在古文经学基础之上。通过将儒学与经学加以分离,他将儒学还原为诸子学,在此基础上对诸子义理做出估定,衡平各家得失。在他看来,孔子兼具史家与儒者双重角色。作为史家,孔子删定六

---

①　司马迁:《史记》(卷一百三十),太史公自序第七十。

②　章太炎:《诸子学略说》,载姜义华编:《中国近代思想家文库·章太炎卷》,第296~297、303页。

经,即整理古史,衍生为后世经学传统。同时,孔子从事教育事业,开创儒家学派,其后《论语》《孝经》成为主要的儒学经典。经师职守在于订实古史,而儒者则致力经纶世务。西汉中期儒学成为官学以后,儒者与经师逐渐混同。章太炎在此对传统儒学进行全面批判。儒家讲求中庸之道,推重时中,然而这却往往成为儒者便宜行事的借口。纵观传统时代,儒学经世的效果不如人意。道德方面,少有艰苦卓绝的儒者,更多则是汲汲于名利的士人。政事方面,儒学的政治理念或在两可之间,政论则多为含糊之论。儒家、法家与纵横家,虽然均以官场功名利禄为追求目标,但是相比之下,法家严于持守且更能应对事变,因而优于其他两家。他试图重新审视传统法家政治哲学,提出诸多翻案之论:"今之儒者,闻管仲、申、商之术,则震栗色变曰:'而言杂伯,恶足与语治?'试告以国侨、诸葛亮,则诵祝冀为其后世,而不知侨、亮之所以司牧万民者,其术亦无以异于管仲、申、商也。然则儒者之道,其不能摈法家,亦明已。"①

　　章太炎指出,当世儒者闻及管仲、申不害或商鞅的治术时,往往颤栗色变认为:"法家杂糅霸道,不足以论治。"而当他们论及子产、诸葛亮的治道时,则往往予以赞颂。如若细究其实,子产、诸葛亮治国理政亦采用的是管商申韩等法家之学。就此而论,儒家政治理论并不能完全摒弃法家之学。"法者,制度之大名。周之六官,官别其守,而陈其典,以扰乂天下,是之谓法。故法家者流,则犹西方所谓政治家也,非胶于刑律而已……鞅之作法也,尽九变以笼五官,核其宪度而为治本,民有不率,计画至无俚,则始济之以攫杀援噬。此以刑维其法,而非以刑为法之本也……功坚其心,纠其民于农牧,使向之游惰无所业者,转而傅井亩,是故盖藏有余,而赋税不至于缺

_____

① 章太炎:《儒法第四》,《訄书初刻本》,《章太炎全集》,马勇整理,上海人民出版社,2015年,第9页。

乏……以法家之鸷,终使民生;以法家之刻,终使民膏泽。"①

法不仅指律令刑罚,而且还包括更为宏观的政治规则。如《周礼》六官分职、政制典章与官司政令等均属于法的范畴。法家相当于西方近代意义上的政治家,而非仅为执行刑罚律令的官吏。战国时期商鞅为秦制法,详尽地规定出官司的职守与权责,官司依法治理,民有不从律令者,不得已之时才会施用刑罚。因而刑并不是法的根本要义,而只是维护法的手段。秦国官司依照法令,劝课民众致力农耕畜牧等产业,使得游惰之民亦能从事生产。在法家治理之下,秦国家给人足且赋税充裕。在他看来,法家政治举措虽然阴鸷残酷,但却在效果方面使民众获得实利。

显然,管商申韩等传统法家在此被章太炎过度理想化。事实上,法家政治哲学绝非以民为本,这在其政治思维中体现得非常明显:"民弱,国强;国强,民弱。故有道之国务在弱民。"②君国本位是包括商鞅在内的传统法家惯常政治逻辑。法家哲学将民众视作君国富强的工具,而国家实际上只是君主私产。法家之法实质上是君主统御臣民的工具,而法家士人则是君主利益的代言人与维护者。法家认为君国利益与民众利益是根本对立的,因而君主欲达致强国,就有必要使民众处于贫困愚弱的状态。战国时期,秦国利用法家实行变法,构建军国政治,从而获得很强的国家汲取能力和战争动员能力,最终通过惨烈的兼并战争实现一统。承平时期,法家治理体系更难说是可欲的。众所周知,在法家的推动下,秦代最终构建空前专制的皇权政治、家产官僚系统以及严密管控社会的秦律体系。秦朝最终因暴政而迅速覆灭。然而经过章太炎诠释,法家政治的形象由负面转向正面,他对法家秦政的独辟蹊径式解读招致当时学者强烈批评。如晚清浙东学派的重要代表

---

①　章太炎:《商鞅第三十五》,《訄书初刻本》,《章太炎全集》,马勇整理,上海人民出版社,2015年,第80~83页。

②　蒋礼鸿:《商君书锥指》,中华书局,1986年,第122页。

人物宋恕(1862—1910),作为章太炎同乡挚交,他对章氏法家学说予以严厉批评:"商鞅灭文学,禁仁孝,以便独夫,祸万世,此最仆所切齿痛恨,而君乃有取焉,此尊见之大离吾宗者又一也。"①1898 年 7 月,宋恕寄信给章太炎,指出法家政治禁抑文学,施行愚民政治,毁坏仁义伦常,便利君主专制,贻害后世深远。最终,宋恕甚至不惜与章太炎"绝论交"以表达对法家政治的根本否定。

在此,章太炎为何表彰法家政治? 如何理解他的新法家学说? 他绝非为了学术创造而故作标新立异之论,而是有着深刻的学理思考和现实关切。在此可将之与宋恕政论加以比较。甲午战争以后,以兴民权、开议院为内容的政体变革逐渐成为近代中国变革的主导路径。政治理论方面,维新派将儒家经学与西方近代议会政治理论进行会通,从而为政治变革提供学理支撑。在包括宋恕在内的维新派看来,儒家经学推崇的三代之治与西方近代议会政治具有相通之处。"周后明前儒家之学渐行于欧罗巴洲,法家之学盛行于亚细亚洲,非但中国也,印度、波斯及诸小国皆受法家之祸。"②宋恕认为,周秦之变以后,儒学渐行于欧洲,而法家之学则在亚洲盛行。相比欧洲近代形成立宪政治,中国、印度与波斯等亚洲国家则深受法家之害,长期处于君主专制政治之中。维新派秉持一种双重二元论,将周制与秦制加以区别,同时将西方近代政制与秦汉以后中国传统政治予以二元区分。然而这类二元政治心智往往会导致不切实际的政治革新思路,抑或全盘否弃传统同时模仿他国政治的变革路径。有鉴于此,章太炎试图于法家秦制之中寻找良政因素,以便形成更切现实的政治现代化方案,同时尝试在传统诸子学术中寻找可以对接现代政治的思想要素。"法家之所患,在魁柄下移,移者

①  宋恕:《答章枚叔书》,载胡珠生编:《宋恕集》,中华书局,1993 年,第 590 页。
②  宋恕:《六字课斋津谈》,载胡珠生编:《宋恕集》,中华书局,1993 年,第 52 页。

成于纵横之辩言；其上则雄桀难御，不可以文法约束者为特甚。故韩非所诛，莫先务于诛朋党取威誉……其故事则有萧何之戮韩信。何公之于韩信，而葛氏阴用之关羽。法家之竭忠亦瘁矣，亦其所以为小器焉尔。"①

　　章太炎指出，法家时刻提防两类政治隐患，其一是为政者因盲信纵横家之言，轻易分权臣下，致使权柄下移；其二则是容忍权臣不从法令，最终致使大权旁落。因此韩非主张，为政者的首要政务是诛除邀取权势名利的朋党。他以萧何、诸葛亮等法家型政治家为例。西汉初期，韩信因军功而获得极大的政治权势。为巩固汉廷权威、防止权势外移，丞相萧何联合吕后诛灭韩信政治势力。三国时期，蜀汉丞相诸葛亮借鉴萧何诛韩信这一政治先例，在吴魏两国军队围困荆州时未予救援，最终除去关羽政治势力以换得蜀汉政令统一。后世往往批判法家偏狭器小，其实法家虽然手段阴暗，目的却是竭忠尽智以维持权威稳固及政令统一。章太炎基于法家治术推出维持政治威权的重要性。结合当时的政治环境便不难理解他的这一论断。晚清时期内忧外患，为政者需有稳固的政治威权方能厉行政治变革，而法家哲学在维系权势方面蕴含诸多可资利用的理论资源。与此相联系，章太炎对秦代政治予以全新解读："人主独贵者，其政平，不独贵者，则阶级起……古先民平其政者，莫遂于秦……夫贵擅于一人，故百姓病之者寡。其余荡荡，平于浣准矣。藉令秦皇长世，易代以后，扶苏嗣之，虽四三皇、五六帝，曾不足比隆也，何有后世繁文饰礼之政乎？且本所以贵者在守府，守府故亦持法……秦政如是，然而卒亡其国者，非法之罪也。"②

　　他点出秦代政治的优长所在。在他看来，君主独尊，则政治相对平等；

---

①　章太炎：《正葛第三十六》，《訄书初刻本》，《章太炎全集》，马勇整理，上海人民出版社，2015年，第83～84页。

②　章太炎：《秦政记》，《章太炎全集》，《太炎文录初编》，徐复点校，上海人民出版社，2014年，马勇整理，上海人民出版社，2015年，第64～66页。

如果君主与其他势力共享威权，则会出现等级分化，主要表现为皇亲国戚、官僚贵族与平民百姓之间身份鸿沟。秦代君主独尊，而其他权贵势力在政治身份上与百姓同等。古代先民的政治平等理念，很大程度上在秦代得到了实现。质言之，秦代达到了一君万民式政治平等。他甚至指出，假如秦代政权由秦始皇平稳过渡到扶苏，那么就不会二世而亡，秦政则会成为古代政治的优良形态。与秦政相比，其他历代政治不仅等级化严重，权贵、官宦及豪右势力凌驾民众之上，而且多为繁文饰礼之政。秦代之所以能够阶级荡平，是因为法家法令明晰良善，且秦廷上下能够严格遵守法令。因此秦代速亡并非法家罪过。"西方之言治者，三分其立法、行政、司法，而各守以有司。惟刑官独与政府抗衡，苟傅于辟，虽人主得行其罚……欧洲之民讼其君者，在英以为民擅之分职，在德以为君赐之慈惠，其文则异，其实则均也……自《周官》之法废，而谴诃不行于上，吾故与之莎随以道古。"①

中西政治虽形式上有很大差异，但政理上则存在共通之处。西方政治家论及政体时，将政权分为立法、行政和司法三种权力形态，三权之间相互分工、各司其职。西方近代政体规模的关键要义在于权力制衡，尤其是司法权力对行政权力的制衡作用。司法官员依法监督行政官吏，即使君主有过错，亦会得到应有的追责与处罚。欧洲普通民众拥有起诉君主的权利，这在英国被认为是民众的职分，而在德国则被认为是君主的惠赐，两地政治规则虽有差异，但是其中的政道理念却是相通的。与之相似，先秦时期刑官承当司法职权，依法监察包括君主在内的政治系统。周公制《周官》以作为政治权力的法度依归。秦末，刑官系统未能发挥监察君主之职权，二世君主专断妄为、族灭大臣，宦官赵高变乱朝政，最终致使秦朝覆灭。其后，《周官》法度

---

① 章太炎：《刑官第三十七》，《訄书初刻本》，《章太炎全集》，马勇整理，上海人民出版社，2015年，第84~85页。

逐渐废弃,君主权力更为专断妄为,传统政制面临深刻危机。通过中西政治比较与会通,章太炎对传统政治中的法制精义加以还原,虽在很大程度上是他对法家秦政的理想化解读,但亦钩沉出中国古代政治蕴含的法治资源。"著书定律为法家,听事任职为法吏……则桓范《世要》论最详,其言曰:'夫商鞅、申、韩之徒……此伊尹、周、召之罪人也。然其尊君卑臣,富国强兵,守法持术,有可取焉。逮至汉兴有宁成、致都之辈……此又商、韩之罪人也。晚世之所谓能者,乃犯公家之法,赴私门之势,废百姓之务,趣人间之事……复是申、韩、宁、致之罪人也'……今世所谓当官持法者,未有商、韩、宁、致之徒,适如桓子所书而已矣。"①

章太炎指出,传统法治政制在先秦时期虽一度出现,但秦汉以后逐渐衰微。西汉以后,儒法合流,君主政体发生异变,同时法家传统亦出现蜕变。他在此引三国时期政治家桓范《世要》来论述法家传统的流变,将法家与法吏加以区分,前者为政务官,执掌订立法度等职权,后者则为事务官,负责具体行政执行。基于桓范所论,他将法家传统分为多个阶段。伊尹、周公与召公等三代时期法家,定法立制,使政治共同体达到政清人和的局面。商鞅、申不害与韩非等战国法家,虽然背离传统法家政治规模,但是能尊君固权、富国强兵,因而尚有可资取法之处。此后西汉时期宁成、致都等人趋时贪利,名为法家,实为酷吏,相比战国法家则等而下之,但能抑制豪强,亦存在可取之处。至于后世法家,变乱法度,依附权贵豪强,为政不为百姓,骄纵贪鄙,更不如战国及秦汉时期法家。

在他看来,法家传统另一重要价值在于提倡尚武精神与富国强兵。"夫家有椹椊,而国有甲兵,非大同之世,则莫是先矣……商鞅阘戟而出,齐桓以

---

① 章太炎:《原法》,《检论》,《章太炎全集》,马勇整理,上海人民出版社,2015 年,第 444 ~ 445 页。

犀甲鞑盾而立国也。"①他的这一思考透射出政道理念的近代转换。作为传统政治的主导政道理念，正统儒学推重王道、贬抑霸道，不以强大军国作为终极政治目标。然而时至近代，列强交侵，危机深重，因而富强逐渐取代仁义成为近代中国主导政道理念。根据史华慈的相关研究，严复的政治哲学反映出近代中国政道理念已由天下主义儒家仁义观转向国家主义富强论。②与严复的西学引介路径不同，章太炎更为注重翻新传统政论以作为近代中国立国规模的思想基础。因而他的新法家学说并非复归传统法家秦政，而是试图在传统政治中体现现代价值，如权威、法治、平等与富强等，并且会通西方近代政治精神，进而为近代中国立国精神奠定历史文化基础。

## 三、以道御法与复归儒学

章太炎的诸子学可划分为诸个阶段。③ 据其自陈："自揣平生学术，始则转俗成真，终乃回真向俗。"④他将自身思想学术历程分为前中后三个阶段，前期为入世之学，中期转向出世之学，后期则复归入世之学。这一复归并非是对前期之学的折返，而是实现否定之否定，综合正题与反题，转进为一种合题式思想境界。在此，出世之学主要指佛教唯识学与庄子之学，入世之学则主要指周秦诸子之学。他在前后两期虽然均为研治诸子学，但是在内容与重心上存在明显差异。前期尊法抑儒，基于法家之学批判传统儒学；后期以道御法，基于老庄道家订正法家，在对法家之学反思批判的同时，逐渐复

---

① 章太炎：《经武第四十一》，《訄书初刻本》，《章太炎全集》，马勇整理，上海人民出版社，2015年，第91页。

② 参见[美]本杰明·史华慈：《寻求富强：严复与西方》，叶凤美译，江苏人民出版社，2010年，第161～168页。

③ 关于章太炎学术思想的阶段划分，参见李泽厚：《章太炎剖析》，载氏著：《中国近代思想史论》，人民出版社，1979年；唐文权、罗福惠：《章太炎思想研究》，华中师范大学出版社，1986年。

④ 章太炎：《菿汉微言》，载虞云国整理《菿汉三言》，辽宁教育出版社，2000年，第61页。

归儒学。这里解析章太炎中期之学是理解前后两个阶段思想差异的关键。

1903 年，因受苏报案牵连，章太炎被清廷逮捕入狱，狱中三年期间精研佛学典籍，逐渐转向法相唯识学，这对他的学术思想体系产生深刻影响。"这个逻辑的一个直接牺牲者是他先前用西方科学改造、融合了他早期学术观点而建立在荀子求实的儒家学说基础上的思想和理论。"①此后，法相唯识学取代荀子之学成为章氏学术体系的新基础。值得注意的是，他对佛家哲学并非简单拿来运用，而是在与先秦诸子会通基础上加以转化更新。因此，章太炎的唯识学镌刻着先秦诸子的学术品格，体现出实践本位的经世精神，这与西方哲学的形上倾向与佛教哲学的出世取向存在明显差异。如他将大乘佛学与革命道德沟通起来，用以激发革命志士勇猛无畏的战斗意志。1910 年，章太炎付梓出版《齐物论释》，该书成为他的哲学代表论著。他在书中以佛释庄，会通佛家哲学与庄子之学，构建出极为恢弘而精微的哲理体系。同时，他独辟蹊径地探索出一条深具思想启示意义的传统学术现代转型路径："通达之国，中国、印度、希腊，皆能自恢弴也……夫为学者，非徒博识成法，挟前人所故有也。有所自得……夫仪刑他国者，惟不能自恢弴，故老死不出译胥钞撮。能自恢弴，其不亟于仪刑，性也。"②

章太炎指出，一方面，学术贵在自得，因而仅靠绍述古学抑或拿来西学不足以达成学理创新。另一方面，思想亦需自主，因而如若只是移植西学，那样至多仅成为一种类似于译书或抄书式的学问，不足以实现学术自立。同时，他逐渐意识到古中国、古印度与古希腊在先秦时期即已发展出各自独立且相互差异的哲理体系，三者等量齐观且极为深刻，因而均具有自主创新的潜在学理势能。先秦诸子足堪与古希腊哲学及古印度哲学相媲美。他的

---

① ［美］张灏：《危机中的中国知识分子：寻求秩序与意义（1890—1911）》，高力克、王跃译，中央编译出版社，2016 年，第 171 页。

② 章太炎：《原学》，《国故论衡》，商务印书馆，2010 年。

这一观点极具创见。无独有偶,20 世纪 40 年代,德国哲学家雅思贝尔斯提出轴心时代这一深具影响之议题,将古希腊、古印度与古中国作为三个对人类精神历史具有突破意义且对世界哲学发展具有奠基意义的哲理传统。①就此而论,章太炎可以说是更早地关注到轴心时代这一重要历史现象。因而在他看来,中国学术现代转型既需借鉴西学的有益成分,更需复归先秦诸子传统,从而发展出独立自主的现代学术体系,而他构建出的新诸子学可看作其中的重要尝试。他以西学为参照,在先秦诸子学术中提炼出法治、平等与自由等理念,为现代价值建立起更为牢固的历史文化基础。更具启示意义的是,他以新诸子学来观照西方现代工业文明,如对进化论、拜物论与公理观等思维的反思,构建起通向超越西方现代性的后现代思想视域。在会通佛家与庄老哲学的基础上,章太炎对周秦诸子加以重估:"孔父受业于征藏史,韩非传其书。儒家、道家、法家,异也,有其同。庄周述儒、墨、名、法之变,已与老聃分流,尽道家也,有其异……儒、法者流,削小老氏以为省,终之,其殊在量,非在质也。"②

在此,章太炎归纳出先秦学术的两条发展线索:其一是经史之学,六经是先代历史,本由周代王室史官掌握,在春秋时期流散于社会民间,由孔子、左丘明及后世经师整理和传承;其二是诸子之学,由老子开启,此后逐渐演变成春秋战国时代诸子百家争鸣。若依照现代学术分工来看,经学相当于先秦史学,诸子学则相当于哲学与政治学。老子本是周代史官,撰著《道德经》,开创道家学派。孔子受业于老子,而法家韩非子则传承老子之学。庄子之学则较为特殊,虽然渊源于老子,同属道家,但与老子之学存在差异。儒家与法家在学术源流上同出于道家。儒法两家并无本质不同,差别只是

① 参见[德]卡尔·雅斯贝尔斯:《论历史的起源与目标》,华东师范大学出版社,2018 年,第 7~9 页。

② 章太炎:《原道上》,《国故论衡》,商务印书馆,2010 年,第 153 页。

他们各自对老子之学掌握的深浅程度。相比之下，法家韩非子对老子道家之学的理解更为深刻，著有《解老》《喻老》两篇论著，可视为对《道德经》的精当诠释。"夫不事前识，则卜筮废，图谶断，建除、堪舆、相人之道黜矣。巫守既绝，智术穿凿，亦因以废，其事尽于征表……不上贤之说，历世守此者寡。汉世选吏多出掾史，犹合斯义……观远西立宪之政，至于朋党争权，树标揭鼓，以求选任。处大官者，悉以苞苴酒食得之。然后知老子、韩非所规深远矣……齐物者，吹万不同，使其自已。官天下者，以是为北斗招摇。不慕往古，不师异域，清问下民，以制其中。故相地以衰征，因俗以定契自此始……庶事精练，物理其本，循名责实，虚伪不齿。"①

韩非推导出老子道家政治哲学的核心要义在于不事前识。所谓前识，主要是指未对客观政治事势加以审视而产生的主观推测。为政者对此不应采纳。因而卜筮、图谶、算命、风水、相术等均属主观臆测之学，应予禁绝。政治因时因地而异，因而为政者尤其不应照搬他国政治政制模式或政治方案，而是应对当时当地事势加以充分调查研判，审慎地形成政治法度或方略。官员选任应基于事功，依据客观事功大小选拔贤能、量才授官，而不是依照门第高低或名气大小。同时亦需建立专门从事选任官吏的职官系统，官职授予要严格遵照业已形成的标准进行，杜绝破格用人。他认为汉代在具有实际政治经验的掾史之中选拔官吏，很好地体现出以事观功这一选官精义。相比之下，汉代以后选官多以虚文虚名为标准，官吏不尚事功，因而吏治腐败严重。另外在他看来，近代西方虽名为民众选举政务官员，但实际上任用官员的权力取决于政党提名，由此造成的政治弊端是，党派私利干扰官职选任，往往导致官场贿赂等腐败现象。

在政治社会关系方面，章太炎提出为政者应以齐物为政道理念。齐物

---

① 章太炎：《原道上》，《国故论衡》，商务印书馆，2010 年，第 154~159 页。

并非整齐划一,而是以不齐为齐,顺应社会自发形成的多元结构。在此,他与传统法家政论分道扬镳。商鞅、韩非等传统法家主张对社会民众加以严厉管控。章太炎以庄子哲学批判传统法家,倡导社会自治,推重政治与社会相异相维。一方面,他推重民众参议政治;另一方面,立法者应征集并尊重民众意见,根据当地民情风俗制订政治法度,同时为政者需严格依据法度行政,而法令亦应随时调整以适应不断变化的政治情势。基于庄老哲学,他对法家韩非政治理论加以反思批判:"世之有人也,固先于国……韩非见于国,无见于人;有见于群,无见于孑。政之弊,以众暴寡,诛岩穴之士。法之弊,以愚割智……庄周明老聃意,而和之以《齐物》。推万类之异情,以为无正味、无正色,以其相伐,使并行而不害。其道在分异政俗,无令干位……政之所具,不过经令;法之所禁,不过奸害。能说诸心,能研诸虑,以成天下之亹亹者,非政之所与也……法家者,削小老氏以为省,能令其国称娓,而不能与之为人。党得庄生绪言,以自饬省,赏罚不厌一,好恶不厌奇。一者以为群众,岐者以优匹士。因道全法,则君子乐而大奸止。"①

章太炎基于庄子哲学推出个人主义价值,在此可以看出现代政治理念在 20 世纪初期中国的发舒生长。个人主义是西方近代政治哲学的基础要义,在启蒙时代霍布斯、洛克等思想家那里得到深刻阐发。个人主义有别于利己主义。如法国思想家托克维尔所论:"利己主义是对自己的一种偏激的和过分的爱……个人主义是一种只顾自己而又心安理得的情感。"②在现代化初始阶段,个人主义具有历史进步性,但其中亦存在深刻局限。个人主义时常蜕变为利己主义。在章太炎的政治哲学中,可以看到个人主义思想要素的萌生,折射出现代性在近代中国思想领域的生发。章太炎指出个体是

---

① 章太炎:《原道下》,《国故论衡》,商务印书馆,2010 年,第 164～165 页。
② [法]托克维尔:《论美国的民主》(下),董果良译,商务印书馆,2008 年,第 625 页。

先在的,而国家则是后起的政治设施,个体相对于国家更为实在,因而在价值层面更具优先性。相比之下,法家哲学以军国为本位,存在深刻政治弊端。韩非只关注国与群,没有关切到个体,因而在法家政体内很可能出现军国对个体的管控与压抑。法家推行划一之政,导致统治集团的意志专断对社会多样性与个体差异性的扼杀;法家崇尚以法令齐平民众,造成聪明才智之士的创造性遭到压制。在这类政治模式下,国家管控社会,严重抑制共同体活力,同时以法为教的愚民政策压抑着学术思想创新与文化进步。法家政体弊端重重。就此而论,法家虽然源于道家,但是在政治思维层面与道家迥异其趣。在此,章太炎通过对庄子哲学的现代转化,以道御法,旨在克除法家哲学的政治弊端。

辛亥革命后,章太炎由订孔批儒转向复归孔子儒学。1914 年,因反对袁世凯独裁复辟,章太炎遭到囚禁,此后两年多时间困居北京。其间他对《訄书》(重订本)加以修订,更名《检论》结集出版。《检论》体现出他对孔子及儒学传统更多地学理认同。① 与此同时,他继续对佛教哲学与中国传统学术加以比较会通,形成对诸子之学尤其儒家哲学更为深层的理解。已有研究提出,章太炎以《周易》《论语》《老子》与《庄子》建构“四玄”经典系统作为现代新经学。② 20 世纪 20 年代以后,有感现实政治弊端与传统文化失落,章太炎多次开办国学讲习会,讲授传统学术,传播历史文化。章太炎的文化保守转向固然体现着其学术观点的变化,但在深层则蕴含着他对政治与学术一以贯之的理解。其一,本国历史之于现代国家建设的重要作用。因而他指出,语言、文字、典章、制度与风俗等历史文化传统应予传承和大力发扬。其二,本国学术自主自立的必要性。他将儒释道三家学理加以会通,并与西学

---

① 　关于《检论》成书过程及章太炎儒学思想的变化,参见陈壁生:《从〈訄书〉到〈检论〉——章太炎先生〈检论手稿〉的价值》,《人文杂志》,2019 年第 11 期。

② 　参见黄燕强:《“四玄”:章太炎的“新经学”构想》,《文史哲》,2018 年第 2 期。

互较短长。如他对佛学的反思,认为佛家哲学虽蕴含精深哲理,但却难施用于政治社会人事。再如他对西学的反思:"中国哲学,就使到了高度,仍可能用理学家验心的方法来实验,不像西方哲学始可实验,终不可实验,这是中胜于西的地方。"①在他看来,西方哲学基于物质演绎形而上学,虽在一定范围内可用实验检测,但发展到极端,则易成凿空之论,难对之加以实证。相比而论,中国哲学基于人事构建哲理,既能切用于政治社会,同时也能在内心加以体证。因而他指出:"至于佛法所有奥妙之处,在九流却都有说及,可以并驾齐驱。"②西方哲学与印度佛学虽然同具形而上学哲理,但是前者易沦为空论,后者则能加以心灵体证。而相较佛学而言,先秦诸子哲学既能兼顾精深哲理与心灵体证,又有益于政治社会之用。由此可见,章太炎尝试会通西方哲学与印度佛学,基于先秦诸子之学,开拓现代中国学术的自主自立境界,推进传统学术的创造性转化。

章太炎的儒学观虽屡有变化,但其中亦存在不变者,即他的古文经学思想基底。就此而论,他的儒学体系存在深层张力。为对抗今文经学及孔教论,他将古文经学推向极端,因而他的许多儒学论断难免陷入学术门户藩篱。他将经学粎平为古史,导致儒学与经学相分离,儒家经世精神与政治哲学消退,仅成为克己修身之学。同时,他尝试将庄子哲学与佛家哲学加以会通,作为新诸子学的哲学基轴,传统儒学的形而上学基础遭到冲击。在他的学术思想体系中,现代儒学既无坚实的哲学基础,亦无宏阔的政制论思,沦为一种悬空漂浮的无根之学。章太炎的儒学转型论面临深刻困境。

---

① 章太炎:《研究中国文学的途径》,《演讲集(上)》,《章太炎全集》,马勇整理,上海人民出版社,2015 年,第 288 页。

② 章太炎:《国学十讲》,《演讲集(上)》,《章太炎全集》,马勇整理,上海人民出版社,2015 年,第 350 页。

## 四、历史民族主义

历史民族主义是章太炎共和思想的重要组成,构成其学术体系不可或缺的逻辑环节。他的这一理论常被约同为排满主张,虽对促成当时共和革命起到一定积极作用,但因过于偏狭而存在很大局限。如若细究其实即可发现,除较少部分的激进排满思想要素之外,章太炎的历史民族主义亦包含其他诸多复杂维度和深层意蕴。

就学理渊源来看,他的这一理论的思想基底主要包含如下方面。其一,明末清初部分儒者的抗清主张。章太炎青年时期曾广泛研读明清之际顾炎武、王夫之等思想家的论著和记载清代专制政治的史书如蒋良骐的《东华录》等,由此生发对于清廷的强烈反抗意识。其二,古文经学的夷夏之辨。古文经学以《周礼》与《左传》为主要经典。相比春秋公羊学以华化夷论,春秋左氏学派则强调严夷夏之防。章太炎早年对春秋左氏学做出精湛研究,这对他的排满革命论的形成具有很大影响。

20 世纪初,在与立宪派的激烈论战中,章太炎撰写《驳康有为论革命书》,在当时产生极大影响,推动了共和革命的深入展开。他在文中揭示满汉族群差别与清廷的部族专制,反对保皇党与立宪派的君主立宪论调,号召进行排满革命。他将革命矛头直指清廷统治,试图将古文经学的华夷之辨提升为近代民族主义。"吾所谓革命者,非革命也,曰光复也。光复中国之种族也,光复中国之州郡也,光复中国之政权也。以此光复之实,而披以革命之名。"[①]在他看来,革命的内涵是光复,即推翻清廷统治光复华夏政权。

---

① 章太炎:《革命道德说》,《太炎文录初编》,《章太炎全集》,马勇整理,上海人民出版社,2015年,第284页。

他对"中华民国"的内涵加以规划,激烈反对以文化深浅界定夷夏之别的文化民族主义:"观其帝王所产,而知民族奥区,斯为根极。雍州之地东南至于华阴而止;梁州之地东北至于华阳而止,就华山以定限,名其国土曰华,则缘起如是也……《说文》云:'夏,中国人也''蛮夷猾夏',《帝典》已有其文,知不起于夏后之世……是故华云、夏云、汉云,随举一名,互摄三义。建汉名以为族,而邦国之义斯在。建华名以为国,而种族之义亦在。此中华民国之所以谥……所以容异族之同化者,以其主权在我,而足以翕受彼也。满洲之同化,非以我抚治而得之,乃以轹颠覆我而得之。"①

根据他的理解,"华"指华山,在《尚书·禹贡》古代华夏九州格局中,华山处在雍、梁二州中心地带,即五帝时期的政治中心,因而是上古时代华夏族群的主要活动区域。换言之,"华"是指上古华夏先民以华山为中心的地理区域,此后华夏族群在漫长历史中繁衍壮大遍布九州。据《说文解字》及《尚书·尧典》所记,"夏"的最初字义是指族群,对应于夷狄蛮戎。另外,秦汉之际,刘邦在汉中开启王业,汉代的朝代之号在后世历史进程中逐渐转化为华夏地区的主体族群名号。归纳起来,"中华民国"包括政治地域、族群种性和治权归属三重含义,其中治权归属是核心要义。由于最高治权为清代部族统治者掌握,且清廷推行民族压迫政策,因此并不存在如保皇派所论的"满汉同化"。章太炎将清廷统治的专制性归于部族性,这一判断存在归因错位。辛亥革命以后,民国政府虽以"中华民国"为国号,但其中内涵并非章太炎的排满主义。进一步地,他试图借助政治现实主义论证排满革命的正当性:"法律者,以公群代私人复仇尔。既其相代,则私人之复仇者自可禁闭;然至于法律所穷,则复仇即无得而非议。两国交兵本复仇之事,即有过

---

① 章太炎:《中华民国解》,《太炎文录初编》,《章太炎全集》,马勇整理,上海人民出版社,2015年,第257页。

当而他国莫能问者,以国家之上更无法律以宰制也。国际法者,本支离牵补之制,至于两国交兵,即非法所能禁。今以一种族代他种族而有国家,两种族间岂有法律处其际者,既无法律,则非复仇不已。"①

他依托现实主义政治哲学指出,法律与刑罚的产生意味着以公共权力裁断代替私人复仇。然而当最高公共权力缺失之时,法律体系便达到其限度,这种状态存在于国家间政治以及特定情况下国内主要族群间政治之中。国家间政治层面,主权国家之上并无更高且有效的政治裁断者,因此国家之间实际处于无政府状态,虽然存在国际法,但却无法阻止国家之间的不义战争。而国内政治层面,主要族群之间争夺最高治权时,亦难有更高的权威对这类争端依照法律进行裁断。在这种情况下,若发生强势部族长期压制欺凌其他族群的情况,则弱者反抗强者即为正当。由于历史上存在大量清廷压制其他族群的事件,因而排满不是非法行为,而是反抗强势部族压制政策的正当行动。值得指出的是,他在这里所理解的"复仇"并不是族群之间的杀伐报复,而是指推翻清廷权贵及依附其下的汉族官僚统治,因而革命行动并不包含对普通民众的杀伤。

章太炎这一时期的共和思想呈现出颇为激进乃至情绪化的排满倾向,如何理解他的光复理论? 这构成分析他的政治理论问题所在。本书看来,对此需结合时代背景加以剖析。20 世纪初,面临空前深重的内外危机,清廷非但政治变革推进缓慢,反而在对外关系中接连丧权辱国。尤其日俄战争期间,日本与沙俄在中国东北开战,面对这一严重侵略行径,清廷无力组织抵抗,竟然宣布严守"中立",任由帝国主义列强践踏主权。在当时局势下,政治改良难有突破,因而排满革命逐渐成为潮流。而如从思想背景角度分

①　章太炎:《中华民国解》,《太炎文录初编》,《章太炎全集》,马勇整理,上海人民出版社,2015年,第 277 页。

析,当代思想史研究领域"剑桥学派"提出语境研究法,即在还原思想家所处时代中的智识语境基础上,诠释文本之中的思想精义。① 就此而论,需将排满革命思潮置于革命派与立宪派的政论之争中加以理解。已有研究指出:"章太炎的民族主义是在与立宪派的康、梁,持'金铁主义'的杨度,无政府主义者以及严复的自由主义的论辩中确立自身内涵的。"②因此,智识语境的复杂性决定着章太炎民族主义的多维性,既区别于文化民族主义,亦有别于种族民族主义,尤其不宜用西方近代民族主义加以比附式诠释。已有研究对章太炎历史民族主义的基本内容及与文化民族主义关系等议题做出分析③,在此不复赘言。

值得指出的是,章太炎强调历史对现代国家建构的关键意义。在此,历史主要是指由人物、制度与风俗等因素交织互动而成的体系与绵延演进历程。一方面,在历史进程中,主体族群和制度风俗保持相对稳定。另一方面,这一体系并非封闭,而是呈现出深刻的人文性与开放性。如姓氏文化,周边部族通过改用华夏姓氏而融入华夏族群之中。就此而论,章太炎绝非种族主义者。另外,他的历史民族主义内涵不断发展变化,主要表现为由排满革命转向政治革命。如辛亥革命爆发之后,章太炎与满洲留日学生通信:"君等满族,亦是中国人民,农商之业,任所欲为,选举之权,一切平等,优游共和政体之中。"④可以看出,随着共和革命运动的深入展开,章太炎的民族主义已融入孙中山所倡导的五族共和多元一体式民族主义思想之中。

---

① 参见 [英]昆廷·斯金纳:《现代政治思想的基础》(上卷),奚瑞森、亚方译,译林出版社,2011 年,第 6 页。

② 张志强:《一种伦理民族主义是否可能?——论章太炎的民族主义》,《哲学动态》,2015 年第 3 期。

③ 参见王锐:《历史叙事与政治文化认同——章太炎的"历史民族"论再检视》,《人文杂志》,2020 年第 5 期。

④ 章太炎:《与满洲留日学生》,载马勇编:《章太炎书信集》,河北人民出版社,2003 年,第292 页。

反帝国主义是章太炎民族主义的重要方面。虽然他的民族主义主要指向排满光复,但是他不得不直面 20 世纪初国际关系盛行的丛林法则以及中国当时所处的贫弱现实,更为严重的是,东邻日本针对亚洲大陆尤其针对中国显露出咄咄逼人的军国扩张态势,尤为令他警觉。相关研究提出,章太炎戊戌变法后流亡中国台湾再到日本,逐渐意识到日本军国主义的帝国野心,为此提出联合印度等亚洲其他弱小民族以结成反帝同盟的政治主张。① 章太炎是 20 世纪初中国较早对日本妄图吞并东亚的军国野心有所警觉并予以回应的政治家,他的反对帝国主义与强权政治的思考在当时颇具警示作用。

此外,章太炎的排满主义存在一定偏失之处,间接透射出西方民族主义理论之于近代中国国家建构的适用局限。民族主义不是独立的意识形态,它附着于近代政治意识形态光谱之中,这种附着性导致其在不同思想光谱下呈现不同样态。但无论如何变动不居,西式民族主义均存在相对稳定的政治逻辑,"民族主义首先是一条政治原则,它认为政治的和民族的单位应该是一致的"②。西方近代民族主义具有相对清晰的内涵,表现为所谓由一个民族组建一个国家的政治逻辑。然而这类政治思维很难适用近代中国。在漫长历史进程中,中华文明表现出兼收并蓄与开放包容的文化基质,形成广土众民的大一统政治规模,这一规模不断发展延续。近代中国的排满思潮是局部且暂时的。随着共和革命的展开,近代中国民族主义不断发展完善,最终克服西方近代民族主义的单质倾向,这在孙中山和梁启超的民族主义思想中均有体现。有学者指出:"革命派赢得了共和的政体,却接受了五族融合的大中华主义国族方案;立宪派放弃了君宪要求,将'五族君宪'改易

① 参见彭春凌:《儒学转型与文化新命:以康有为、章太炎为中心(1898—1927)》,北京大学出版社,2014 年,第 41～42 页。

② [英]厄内斯特·盖尔纳:《民族与民族主义》,韩红译,中央编译出版社,2002 年,第 1 页。

为'五族共和'。直至今天,我们依然在享受辛亥革命这一大妥协的历史遗产。"①这个历史进程同时意味着,共和主义的人民主权原则替代单质的民族主权原则进而凝定成为 20 世纪中国现代转型的基础政治共识。

## 五、新传统主义共和论

### (一)君主政体批判与传统政治的公共性重构

在章太炎庞大的学术思想体系中,他的政体理论颇难加以定位,呈现出极为复杂的样态。张灏先生指出:"在同样的依法施政思想下,他完成了从法家君主政体向立宪的民主政体思想的转变。"②相应地,另有学者指出:"他所创制的这种独特的'第三种'民主政体,实际上是一种'精英民主'的政制形态。"③章太炎的政体理论颇为独特,亦是其思想学说中的重要议题。一方面,他对传统君主政治做出全面解构与批判,而同时却对颇具专制特征的法家秦制予以高度评价,显示出其思想中浓厚的法家基调。另一方面,他不主张效法西方近代共和政治,同时对代议政制有着强烈批评。如若从儒家传统与共和政治的互动角度看,章太炎政体理论表面上呈现"双向互斥"结构,即对儒家传统与共和政体的双向拒斥,而在深层则蕴含着复杂的政学论思。那么如何理解他的这一政体思考? 其中透射出何种思想启示与困境? 本书在此将这一论题析解为三个相互关联的部分:其一,对传统君主政治的批判;其二,反思近代西方代议政制的普适性;其三,治体传统的近代转换。"天子之于辅相,犹县令之于丞尉,非复高无等,如天之不可阶级升也。挽近

---

① 许纪霖:《作为国族的中华民族何时形成》,《文史哲》,2013 年第 3 期。
② 张灏:《危机中的中国知识分子——寻求秩序与意义》,新星出版社,2006 年,第 157 页。
③ 王玉华:《多元视野与传统的合理化——章太炎思想的阐释》,中国社会科学出版社,2004 年,第 355 页。

五洲诸大国,或立民主,或崇宪政。则一人之尊,日以骞损,而境内日治。黄氏发之于二百年之前,而征信于二百年之后。"①

在此,章太炎沿袭黄宗羲的君主政体批判论,对君主权力与君臣关系加以还原与解构。君相关系就像县令与县丞的关系,因而并非如天地一样高下悬绝的尊卑关系,而是职权分工与合作共治关系。从近代政治变迁趋势来看,世界诸大国或成立民主政体,或达成宪制政治,君主的威权逐渐减弱,其后这些国家的内政逐渐出现相对安定的政治局面。两百年前黄宗羲发现这一政治原理,在近代世界政治变迁历程之中得到验证。在君主政治起源方面,章太炎征引荀子的政制理论加以论述:"君者,群也……人之生,始未尝不以钓鱼闲处持其寿,少选而用日匮,有不得已焉,故厚其六府,分其九职,出相人偶,以有无相资。"②君主的概念本义是合群,是指将众多个体联合成为政治社群,进而形成政治共同体。在上古时期的前政治时代,个体过着自由而闲适的生活,由于物质匮乏和生存所需,因而出于不得已而建立政治共同体,设官分职,形成政治权力分工。就此而论,君主只是诸多政治职位之一,而其功能在于维持政治共同体的安全与和平。在此,章太炎以职分论与功能论来解析君主政治,直接构成对明清时期流行的主奴式君臣尊卑关系的否弃。换言之,如若君主僭越职分,抑或君权政治功能发生异化,那么废黜君主政治即为正当。更进一步地,他对中国古代君主政治的起源流变进行剖析:"是故古之能官人者,不由令名,问其师学,试之以其事。事就则有劳,不就则无劳,举措之分以此……是故庖牺作结绳,神农尝百药,黄帝制衣裳,少康为秫酒,皆以登用为长。后世官器既备,凡学道立方者,必有微妙

---

① 章太炎:《冥契第十四》,《訄书初刻本》,《章太炎全集》,马勇整理,上海人民出版社,2015年,第25页。
② 章太炎:《明群第二十三》,《訄书初刻本》,《章太炎全集》,马勇整理,上海人民出版社,2015年,第45页。

之辨……君之能,尽乎南面之术矣……其事至微浅,而筹策者犹在将吏。故夫处大官载神器者,佹人之功,则剿劫之类也。已无半技,则奄尹之伦也。然竟不废黜者,非谓天命所属,与其祖宗之功足以垂远也……汉尝黜九流,独任吏,次即贤良、文学……而吏识王度,通故事,又有八体之技,能窥古始,自优于贤良、文学也。"①

上古时代,伏羲结绳记事、神农辨识百草、黄帝发明衣裳、少康研制秫酒,这些先贤都是凭借政治事功获得民众认同进而被推举为君主。可以看出,他将君主制诉诸功能性证成,否弃了君权神授等类似政治理论。他接着指出,随着社会生产的发展,器物逐渐充裕,后世君主很难再有事功可以获取,因而再难凭借政治功绩成为君主,而是主要依靠政治统治术来占据君主之位。由于南面之术很容易被掌握,因而后世君主在政体中的功能不甚重要。相比之下,军事将领与法吏的技艺则更为艰深,因而君主需要依靠军事将领与法吏进行统治。就此而论,君主贪恋臣下功绩的做法近乎盗窃。假若君主连南面之术也不精通,那么他就如宦官一样,难为政治权力运转发挥正向作用,这样的君主之所以没被废黜,只是因为他的祖先即先代国君的政治威信尚且暂能收拢人心。在对君主政治进行剖析的同时,章太炎对传统政治加以全面批判:"古之王者,以神道设教,草昧之世,神、人未分,而天子为代天之官,因高就丘,为其近与苍穹。是故封泰山、梁父,后代以为旷典,然上古之视之至恒也……即实言之,则天子居山,三公居麓。麓在山外,所以卫山也。"②

章太炎在此对传统君主政治进行整体解构与批判。他的古文经学否弃了传统儒家秉持的尧舜三代政道理念,将六经视作华夏先民历史记忆。进

---

① 章太炎:《原道中》,《国故论衡》,商务印书馆,2010 年,第 160 ~ 162 页。

② 章太炎:《官制索隐》,《太炎文录初编》,《章太炎全集》,马勇整理,上海人民出版社,2015 年,第 82 ~ 86 页。

一步地,在对古代官制起源的分析中,他对尧舜三代之治进行祛魅,将先秦历史理解成王权演进史。在他看来,先秦时期并不存在尧舜三代治世,而只是神权型王权到专制型王权的生成时期。上古时代,民众处于蒙昧状态,尧舜等君王凭借神道设教治理民众。君主居处在山上,是因为他们认定那里地势偏高,仿佛离天距离更近,这样可以向民众表明他们是代天行政。为后世所神圣化的封禅礼在上古时代不过是君王试图神秘化王权而进行的仪式,这在当时其实是至为平常的事情。从处所位置来看,君王与三公重臣分别处在山上与山麓,此种位置关系反映出三公重臣的职责是护卫君王。进一步地,他对古代相权的演进过程进行勾勒:"综此数者,则知古之宰相,皆以仆从小臣,得人主之信任。其始权藉虽崇,阶位犹下,最后乃直取其名以号公辅。然至于正位之后,而人主所信任者,又在彼不在此……是知正位居体之臣,为人君所特恶,必以近幸参之,或以差委易之,然后能得其欢心,知其要领……观于太阿、太保、冢宰、丞相、御史、仆射、侍中之得名,而知侍帷幄、参密议者,名为帝师,或曰王佐,其实乃佞幸之尤。"①

章太炎将丞相宰辅制度完全认定是王权政治的衍生物和附属品。古代实际掌握相权的官员,最初不过是君主身边的侍从,他们因能获得君主信任而被委以重任。君主近侍虽然可以得到重要差遣,但他们的官衔与位阶是非常低的,经过一段时间,其原有官名最终被保留下来用以标识实际的相权。然而一旦君主近侍成为宰辅之臣,他们便因身处外廷而与君主的私人关系日渐疏远,这时君主则会从当前内廷侍从中选出新的可被委以重权的臣仆。宰辅重臣常会遭到君主猜疑,这时君主或将权力转移到近侍手中,或以别的借口重新任命宰臣,所以臣仆能否获得重权完全取决于君主的个人

---

① 章太炎:《官制索隐》,《太炎文录初编》,《章太炎全集》,马勇整理,上海人民出版社,2015年,第89页。

偏好。以此而言,太阿、太保、冢宰、丞相、御史、仆射、侍从等在历史上的某个时期都曾实际掌握相权,但从他们的官名即可得知,这些官僚实际地位是卑微低贱的,他们美其名曰参与机要的帝师或王佐,实际上只不过是君主的仆从而已。在传统政治中,内廷外廷化与外廷边缘化的制度循环是颇为瞩目的政治现象,这种现象在一定程度上折射出君主的权力专断对整个政治系统的消极作用。

章太炎关于先秦历史的解析绕开整个儒学传统,用意在于祛除儒家历史叙事中的神秘因素。他的这一解析对传统政道构成强烈冲击。在儒家传统视域中,尧舜政制是为政道典范,在《六经》中地位非同一般,这在传统经学注疏系统有着充分体现。在传统儒学中,尧舜政道体大精微,主要表现为儒家天道信念与尧舜禅让蕴含的公天下政道理想。传统儒家对尧舜三代的建构性理解,构成中国古代政治公共性的重要源泉。章太炎的夷经为史说虽能对晚清孔教论者关于尧舜三代的宗教化阐释予以回应,但亦导致儒家传统政道体系发生解体。

章太炎对君相关系的解读深具颠覆性,同时亦存在一定局限。他在方法层面主要依靠考据官名古义来推演君相关系,在很大程度上省略了君权与相权在历史经验中的动态互动过程。宰相是传统政府的主持者,而若将相权全然视作君权附属,将政府权力完全解析为王权私有之物,则遮蔽了宰辅政制中的政治公共性。从官职起源来看,宰辅制度在发生时期,很大程度上带有君主私臣属性,但这并不完全意味着在其后制度变迁中君相始终维持着主仆式统领关系。这涉及对传统政治"化家为国"现象的理解。钱穆先生指出:"到了秦、汉统一,由封建转为郡县,古人称'化家为国',一切贵族家庭都倒下了,只有一个家却变成了国家……于是家务转变成政务了。"①在君

---

① 钱穆:《中国历代政治得失》,生活·读书·新知三联书店,2012 年,第6 页。

主政治生成初期,往往出现君主任用私臣主持国政现象,其后历经较长时期的制度变迁,君权与相权出现分化,随着相权逐渐具备更多政治公共属性,君相关系在很大程度上由私属关系转化为权力分工基础上的公共关系。除此之外,在传统政治中存在王室与政府的分野,作为政务主持者的宰辅集团,就产生方式与权力运行来看,亦非完全出自君主的权力任意。尤其在汉武帝更化以后,普通民众能够凭借通晓经艺跻身政治,而宰相集团多出自儒家士人群体。中古时代,门阀世族分有相当比重的政治权力,使得君主权力受到很大限制。北宋以后,相权公共性更为明显,伴随科举制逐渐完善,儒家士人通过考试进入政府,宰相更多为自下而上产生,君主对相权选任的影响得到很大限制。而在权力运行方面,传统政治尤其到了宋代,相权对君权产生很强的制衡作用。已有研究提出:"从宋代真宗朝开始,以士大夫政治为特色的政治体制形成,在此基础上,中央政治运营进入了宰辅专政时代。"①就此而论,秦汉以后,在君主家产式政治权力定型的过程中,宰辅集团主持的士人政府转化为政府公共权力的担纲者,君臣共治是传统政治的重要方面。

与民国初期出现的全盘反传统主义不同,章太炎并非全盘否弃传统政制,而是在对之进行整体批判基础上,对历史中国政治公共传统加以重构。关于传统政治公共性问题,20世纪50年代新儒家牟宗三的论断颇具影响,他在《政道与治道》书中提出,由于尧舜之后历史中国在政体层面由禅让制蜕变为家天下世袭制,因而传统政治在政道层面不具备公共性。他的这一论断对反思古代君主专制政治颇具批判意义,但亦可能遮蔽传统政道之中蕴含的深厚政治公共性。其实,中国古代政治具有深厚的公共传统,且向来不乏公共政道的探寻,这在孔子、孟子以来源远流长的儒家传统之中有着充

---

① 王瑞来:《宰相故事:士大夫政治下的权力场》,中华书局,2010年,第16页。

分体现。关于这一论题,章太炎的思考颇为独特,他认为中国古代政治具有政道公共性,但是这并不表现在儒家传统之中,而是体现为法吏政治:"乃夫卿尹百司,非以阉奴备位,其始作者为谁耶?曰:本于法吏。自三苗作五虐之刑,而皇帝哀矜庶戮,其时法吏已贵矣……盖太古治民之官,独有士师而已。士任其职,斯之谓事;士听其讼,斯之谓辞。而记录讼辞者谓之史。邦国有狱,士师遣其官就地听之,亦时有密行以调察者,谓之行理、行李。而变其文谓之使……铺观载籍,以法律为《诗》、《书》者,其治必盛;而反是者,其治必衰。且民所望于国家者,不在经国远猷,为民兴利,特欲综核名实,略得其平耳。"①

章太炎指出,传统政治中尚且存在独立于君主私意的法吏群体,他们是政治公道的秉守者。法吏的起源颇为久远,早在黄帝时代,当时政治共同体盛行源自三苗部族的严刑峻法,身为天下共主的黄帝对此进行变革,开始重用法吏以便使法令适中。上古时代,士师莅民理政,在执掌行政事务的同时,审理诉讼处理司法事务。其后,行政权与司法权出现分化,部分士师转化为史官,负责政务运行,另一部分士师专门负责司法刑狱事务,同时监察政令运行,或转化为专使负责其他政务。就此而论,史官、士吏与专使均从士师分化而出。章太炎借助文字训诂手段,论证出士、史、吏、使、理、事、司、辞、李等同出一源,在现实层面指向法吏主导公共权力运行。

他将法吏执政作为传统政治的理想类型。在这一政治模式中,法吏主导政务,依法监督政治权力,因而包括君主在内的其他政权部门均需受到法吏监察。政治权力运行应以律法为准绳,而不是依照诗经、尚书等儒家经学典籍中模棱两可的"所谓常道",这样才能达到循名责实。在政治目的层面,

---

① 章太炎:《官制索隐》,《太炎文录初编》,《章太炎全集》,马勇整理,上海人民出版社,2015年,第90~92页。

普通民众对政治公共体的期待,主要不是军国扩张或经济实利,而在于吏治严明和政治清平。他进而指出,法吏政体在先秦时期运转良好,君主权力受到法吏监督,形成中国古代的王在法下传统。商鞅变法之后,法吏政制更加完善。在秦制中,阶级荡平,个体社会身份平等。然而由于秦二世肆意妄为,破坏法制,致使秦朝速亡。汉代以后,君主专制加强,法吏群体亦发生蜕变,沦为君主附庸,法治传统在后世逐渐衰微。可以看出,在章太炎的政体构思中,司法权力居于关键地位。他推重法吏政制,意在消除统治集团的意志专断对政治体系的消极影响,以便确保政治权力得以严格依法运行。他在古史中"钩沉"出司法政治传统,作为历史中国的公共政治积淀,进而为构建近代司法独立寻找历史依据。

章太炎对传统司法政制的诠释深具启示意义,但亦存在一定局限。他对传统儒家士人政治评价过于消极,以致遮蔽了秦汉以后儒家士人群体代表的政治公共传统。关于儒家士人群体的发展演变,已有研究指出:"汉代之时儒生、文吏并立朝廷,二者融合为'亦儒亦吏'的士大夫之后,单纯的文吏遂逐渐降为士大夫之下的一个特别层次了。"①可以看出,儒家士治与法家吏治存在巨大分野。法吏是政治法令的被动执行者,类似于技术型官僚;而儒士则是主动的参政议政者,更多为深具政治能动性的为政者,两者相得益彰。春秋战国以降,儒家士人群体跻身政治,经世致用。西汉中期以后,士人政府逐渐出现,塑造并规约君主权力,形成深厚的政治公共传统。

### (二)代议政治批判及共和政制论

章太炎政体思想的突出特点在于对代议政治的激烈批判。他对中西方政治历史做出精审的比较分析。西方代议政体的成立有其特定的历史传统

---

① 阎步克:《士大夫政治演生史稿》,北京大学出版社,1996年,第484页。

和社会结构背景。西方中世纪历经漫长的封建传统,形成君主、贵族与平民等级严明的社会结构。在这样背景下,代议政治出现。因而在他看来,代议政体实际上是变相的封建政治。相比之下,中国封建传统早在春秋战国时期即已消亡,秦汉以后两千余年一直是大一统郡县政制。就社会结构而论,历史中国自秦汉以后并不存在严明的社会等级,民众社会身份平等,且社会流动大,官爵鲜有世袭,所谓王侯将相无种。除此之外,代议政体的建构尚需有与之相应的国家结构。典型如美国议会两院政制的成立,与其联邦制国家结构密切相关。相比之下,历史中国自周秦之变以后形成中央集权国家结构,迥异于联邦政制,因而难与西式代议制相适应。就此而论,立宪派汲汲于施行议会政治,然而当时中国并不具备推行代议政体的历史传统、社会条件与国家结构。不惟宁是。如果猝然推行代议政治,不但难以推选出贤良公正的议员,反而会造成等级分化,破坏原有的社会平等格局,出现代议制度与民权理念的悖论。也就是说,立宪派主张开设国会本为振起民权,但是如若在近代中国特定的政治社会基础上建设代议政体,非但不能保障民权,反倒会导致社会权势阶层对平民权利的压抑。

对于章太炎而言,代议制的不适宜性是否意味着近代中国难以展开现代政治建设?其实不然。他并非保守的传统论者,而是积极的共和主义者。只是在其看来,各国政治现代化虽然目标相通,但是存在路径差异,因而应探索契合本国实际的现代化道路。同时应在充分估量本国历史与政治社会现实的基础上,建设自适国情的现代政体。基于这些思路,章太炎提出他的政体构思:"总统惟主行政国防,于外交则为代表,他无得与,所以明分局也。司法不为元首陪属,其长官与总统敌体,官府之处分,吏民之诉讼,皆主之。虽总统有罪,得逮治罢黜,所以防比周也。学校者,使人知识精明,道行坚厉,不当隶政府,惟小学与海陆军学校属之,其他学校皆独立,长官与总统敌体,所以使民智发越,毋枉执事也。凡制法律不自政府定之,不自豪右定之,令明习法律者与通达历史周知民间利病之士,参伍定之,所以塞附上附下之渐也。法律既定,总统无得改,百官有司毋得违越……民平时无得举代议士,有外交宣战诸急务,临时遣人与政府抗议,率县一人。议既定,政府毋得自擅,所以急祸难也……在官者,身及父子皆不得兼营工商,托名他人者,重其罪,藉其产业。身及父子方营工商者,不得入官……是故就赋税计,函胡以询议员,不如分画以询齐民也。如上所述,此政体者,谓之共和,斯谛实之共和矣,谓之专制,亦奇觚之专制矣。"①

在他看来,共和革命主要内涵在于废除君主政制,建立民选总统政体。近代共和政治的主要目标是捍卫民权,关键在于建构相关制度设施限制国家元首权力,而这一目标的达成并非一定要采用代议制度。他进而设想出一种诸权分立式政体方案。在这一政体结构中,总统主持行政、国防和外交事务。司法独立,因而司法长官不隶属于总统。司法系统监察政府行政,受理法律诉讼,同时监督总统权力。教育方面,除军事院校隶属政府之外,其他类型的学校独立发展,教育长官独立统领全国学校事务,享有与总统相当的职权。立法方面,由能够明习法令、通晓历史及体察民俗的法吏群体负责相关事务。值得指出的是,章太炎虽不主张代议政治,但仍认为民选议员不可或缺。只是在其看来,承平时期无须议员;而在国家面临外交或战争等重大事务的非常时期,民众临时选举议员,与政府共商国是。政商分途,官员及其亲属不得涉足工商产业,杜绝官吏凭借政治权力谋取经济利益的情况发生。同时,经营工商之人抑或有亲属涉足工商之人,亦不得从政为官,以免借助权力为自身产业谋取经济利润。税收方面,政府需征求民众意见,在获得民众同意之后方可征收。他指出这个政体方案的重心并不在于限制权

---

① 章太炎:《代议然否论》,《太炎文录初编》,《章太炎全集》,马勇整理,上海人民出版社,2015年,第318~319页。

力,因而形式上类似于专制,然而内容上却深得共和政治真谛,或可称之为"奇觚之专制"。

　　这一政体方案兼顾历史传统与现代政理,呈现出如下特点:其一,权力分工与设官分职。他继承传统政治的制度思维,强调在官职划分基础上的权责明晰。而与传统政治不同的是,他的政体设计亦体现着现代政治原理,即将政治权力划分为行政、司法和立法等不同形态。他在此指出,权力分立有别于构建总统、法司与学官的"多头总统制",而是在权能分工基础上,诸种权能相维互动而自然形成的政治格局。其二,行政与司法二元分立。章太炎尤其注重司法权力建设,强调司法独立,法司有权依法监督总统、行政等其他权力部门。其三,政学关系相异相维。他在对历史经验归纳之后提出,官学往往走向僵化,民间私学更利于知识生产和学术创新,因而应保持学校系统相对于官司的自主自立。同时,学术自主并不意味着放任民间自为发展。而是在政治体系内设立学官,对教育事业加以统筹管理,提供必要资金加以陪护。其四,职官选任依客观标准。相比选贤任能,他更为推崇停年格之类的选官方法。停年格为北魏时期出现的选官制度,是指以资质深浅为职官的选任标准。在他看来,如若仅依托贤能原则,那么职官选任则往往受到私人主观意志左右。他亦注意到,在近代西方政治中,政党往往基于党派私益把持官员选任,存在很大任意性。因而相比之下,中国传统法家提倡的因功任官、按资升迁等选官方法,在选任过程方面更为客观。其五,非常时期选举临时议员以宣达民意。如若不设议员,则难以有效保障民权。而若在承平时期开设议会,或者出现议员擅自妄为的情况,抑或出现议员席位为权势阶层把持的局面。因而在他看来,两者兼顾,则莫若在外交、军事等非常时期由民众选举议员,与政府共商国是,这样既能防止议员滥用职权,亦能宣达民意以维护民权。其六,征税须询齐民。可以看出,在章太炎的政制构思中,议会权能被分化处理。在此,征税事宜由政府与民众共同协商。在征税之前,政府根据地方情况划定征税区域,向当地民众咨询,协商议定征税额度与细则。相比西方由议会执掌征税事宜,上述方式更为契合中国历史传统。

在近代思想家众多的政治方案中,章太炎的思路可谓独树一帜。已有研究注意到,章太炎的代议制批判启示在于,制度设计不宜模仿他邦,而是应基于本国历史和国情。① 相比当时流行的模仿西方的政治建设思路,章太炎独辟蹊径,尝试基于本国历史文化构建现代政体。他并非复古主义者,而是试图探索适合本国政情的现代政治方案。王汎森指出:"章太炎的社会政治思想曾历经多次重大的变迁,但在变动之中却有一个不变的目标,也就是希望找出一套与西方议会政治有所不同的自由平等制度。"②然而亦需指出的是,章太炎的政体设计内涵深刻张力。他提出保障民权的关键不在于议会制度,而在于限制权力。然而他的政体建构思路很难说能够达到限制权力的效果。正如孔飞力所论:"而章炳麟关于在司法权力平等和公民平等的同时对官僚行政机构予以密切监督的设想,则又碰上了如何才能将政府置于法律之下的老问题。"③质言之,如若悬置民选议会政制,仅靠官僚体系内部的职权分工,很难实现权力的制约平衡。已有研究指出,章太炎的政体设计实际上是将政治问题置换为行政问题。④ 这一政体结构近乎"政治永动机",似乎法令一经制定,政治机器即可自行运转,且在司法官员的监督下,政治权力运行便会毫厘不爽、严丝合缝般精密。显而易见的困题是,如果由

---

① 参见王锐:《历史国情与制度设计——〈代议然否论〉再解读》,《华东师范大学学报》(哲学社会科学版),2018 年第 2 期。

② 王汎森:《章太炎的思想——兼论其对儒学传统的冲击》,上海人民出版社,2012 年,第104 页。

③ [美]孔飞力:《中国现代国家的起源》,陈兼、陈之宏译,生活·读书·新知三联书店,2013年,第 119 页。

④ 参见顾家宁:《〈明夷待访录〉与传统政治思想的现代转型——以章太炎的评论为线索》,《哲学动态》,2021 年第 9 期。

民众选举出的议员都不能保证德行端正,那么何以保证这些凭借年资选任的司法官员就一定能够做到廉洁奉公。政治是充满着未知变动性、个体能动性和公共协商性等诸多特质的变动无居场域,而在《代议然否论》的政体设计中,这一场域在很大程度上消弭于行政、司法等其他场域之中。

### (三)治体论传统的近代转换

19 世纪末 20 世纪初,近代中国思想领域逐渐兴起政体简化论①,在古史叙事方面将中国传统政治化约为君主专制,认定这一政体特质决定着传统政治的其他方面。这在很大程度上造成古今断裂式政制思维,因而当时学界往往认为中国古代政治传统对现代政治建设缺乏借鉴价值。章太炎早年即对这类政体简化思维予以反思:"我们中国政治,总是君权专制,本没有甚么可贵,但是官制为甚么要这样建置? 州郡为甚么要这样分划? 军队为甚么要这样编制? 赋税为甚么要这样征调? 都有一定的理由,不好将专制政府所行的事,一概抹杀。就是将来建设政府,那项须要改良,那项须要复古,必得胸有成竹,才可以见诸施行。"②

在他看来,中国传统政治虽然在总体上为君主专制,但是并不能因此予以全盘否弃。官制设置、行政区划、军队编制、赋税体制等制度设施并不完全出自君主私意,而是有其深刻的制度原理。在推翻君主政治、建立共和政体之后,现代政治建设仍能从传统政治之中汲取积极的制度与思想资源。这一论断极具学术思想价值,为反思传统与现代之间的政学断裂开拓出古今通贯的连续视域。而他的这一政制思维与其说是自主创造,毋宁说是对

---

① 关于政体简化论的相关研究,参见张舒:《近代中国思想中的政体简化论与古史叙事》,《学海》,2017 年第 3 期。

② 章太炎:《在东京留学生欢迎会上之演讲》,《演讲集(下)》,《章太炎全集》,马勇整理,上海人民出版社,2015 年,第 10 页。

治体论传统的绍述与更新。相比作为西方政治思想传统主轴的政体论,中国传统政治理论则主要表现出治体论特质。据任锋师考证,治体论包括治道、治人和治法三个方面,治体思想演进历经先秦渊源期、汉唐成长期、宋明成熟期与清以后的中落期。[①] 近代随着西学东渐及政体理论传入,治体论为政体论所吸纳、转化为现代政治理论。

章太炎的政治思想是近代治体论的重要渊源。对应治法层面,他提炼出秦汉以后历代政治可为现代政治建设取法的诸条治体原理。汉代政治中存在两项可资借鉴的治法:其一,皇室与政府二元分化,尤其体现为财政层面的二元划分,皇室收入归少府管理,政府财政则由大司农统领,政治统治集团不能任意支配政府收入,即政府财政保持相对独立。其二,汉代地方郡县自治。太守独立统领本郡政务,开府治事,有权征辟掾属,寓三代封建于郡县之中,官吏并未分途,因而地方多循吏,有效推进各项政务。新莽、西晋、北魏与隋唐各代计有一项可资取法的大政,即抑制土地兼并,耕者有其田,如王田、均田等制度,与近代社会主义思想存在相通之处。后梁时代废除宦官制度,改枢密院为崇政院,加强中央集权,其中的制度精义可为后世取法。明代废除元朝行省制度,在地方推行布政使、按察使、都指挥使三司分权,地方政治形成行政、司法和军政等权责明晰的分工,这项制度设施优于其后出现的督抚政治,因而可为近代地方建设取法。

在此,他对传统政治的精深论析体现出治体思维的诸多品格。其一,制度的通贯性。他能在朝代更迭表象背后提炼出制度变迁的源流、因革和通贯,尤其是对新莽、后梁等往往不为后世注意的朝代政务,做出独到而精微的分析。其二,制度的系统性。他并未将政治制度予以孤立处理,而是纳入与经济与社会制度关联之中加以把握。其三,制度的理念性。他颇为注重

---

① 参见任锋:《治体论的思想传统与现代启示》,《政治学研究》,2019 年第 5 期。

对制度蕴含的深层理念予以剖析,尤其是对平等、均平等制度理念的推重。此外,他还对传统政治中存在大量不成文的政治惯例予以表彰,如东晋时期君臣相礼、唐代陈诗不讳以见政务得失、民间疾苦等宪制惯例。

相比政体思维指向最高权力的分布态势,治体思维则主要关注理想、制度与人物的配合。章太炎的政治理论将政体论与治体论两大思想传统兼收并蓄为一个有机体系。而关于政体与治体的关系,可在他的代议制批评理论中加以理解。在他看来,政体制度并非孤立存在,而是需与历史传统、社会结构、央地关系与政治共同体规模等诸多因素相互契合,其中透射出他的治体系统思维和历史政治思维。在治体论视域下,他对黄宗羲的批判亦透射出深刻的政学论思。章太炎继承了近世以来经制事功学立国思维的保守进路,通过"正黄"来回应当时流行的以三代之治比附西学的模仿式现代立国思路。①

20世纪20年代,有鉴于军阀混战的政治乱局,章太炎转向提倡联省自治。他这时的政论主张颇为激切,将当时的约法、国会和总统视为三蠹,提出联省自治以去此三弊,具体而言:"今宜先由各省自制宪法,次定联邦宪法……今拟联邦制成后,明定中央政府,用合议制,以诸委员行之。"②他试图在各省自治的基础上,徐图渐进为联邦式共和政体,政体层面实行委员会制,防止再度出现如民国初期各路军阀争夺总统权位的混乱局面。由于这一主张过于理想化,在现实层面易为地方军阀利用以为割据作论证,因而实际效果适得其反。就学术思想而论,他的地方自治理论亦透射出其对政体与治体的兼顾。再如他的周礼诠释学,"《周官》大体,行政权分之邦国,故《地官》少说畿外事……自分为州郡以来,明时一省鼎立三司……自督抚之

---

① 参见任锋:《立国思想家与治体代兴》,中国社会科学出版社,2019年,第637页。
② 章太炎:《弭乱在去三蠹说》,《太炎文录补编(下)》,《章太炎全集》,马勇整理,上海人民出版社,2015年,第596、598页。

权日重,此制遂废,沿至今日,非割据不可矣"①。他对民初军阀割据的制度远因予以剖析,将之追溯到明清时期出现的督抚制度,进而指出明初地方政治实行三司分权,颇得《周礼》制度精义,可以用来对治军阀把持地方事权的割据局面。作为古文经学重镇,章太炎对周礼学有着极为深刻的理解。他尝试提出更为均衡的央地关系设计,即在中央集权基础上,适度分权地方,形成上下相维的政治格局;地方层面,在自治基础上,形成行政、司法与军政等权力分工,共同推进地方政治建设。他的周礼诠释学是大一统政治思想的近代发展。因此,章太炎的政治理论会通中西、通贯古今,构成近代治体论的重要渊源,蕴含极为丰富而深刻的思想启示。

行文至此,我们已初步完成对章太炎政体观和儒家转型观的论述。为对抗孔教化今文经学,章太炎夷六艺为古史,将古文经学推向极端。虽然儒家政治传统遭到强烈冲击,但是他的经史论思将儒学还原为诸子学,为传统儒学的近代转型揭示出有别于经学的子学路径,蕴含深刻的思想启示。在此基础上,他对传统诸子学说加以重构与整合,兼顾会通与存异,创建出博大精深的新诸子学体系,为传统学术的近代转型和近代中国学术的自主自立提供理论范导。政体层面,他对君主政体展开解构与批判,瓦解了清代君主专制政治,推进了共和革命的展开。在对西方代议政治加以批判的基础上,他提出独具特色的共和政体设计,推进建设自适国情的现代政制。他的历史民族主义虽不无矫枉过正之处,但蕴含着对民族平等的追求与反抗帝国主义与强权政治的呼吁,深具时代意义和思想价值。他的历史政治思维提示出中国传统政治的制度活力与现代价值。章太炎是晚清民初极具原创精神与理论深度的思想巨擘,他的学术思想至今仍深刻影响着当代中国。

---

① 汤志钧:《章太炎年谱长编》(增订本),上册,第421页。

# 第五章　共和时刻的儒家转承

甲午战争以后,近代中国开启政体变革议程,作为君主立宪的替代方案,共和革命逐渐兴起。共和政体最终能够在近代中国落定,绝非历史偶然。一方面,清末君主立宪变革面临深刻的结构困境,中国古代虚君政治传统的缺乏及清代法家化政体结构导致立宪进程举步维艰。另一方面,随着共和革命的开展,共和政治逐渐中国化,共和政体的落成极大推进了中国近代的政治转型。在此过程中,儒家传统与共和政治之间存在深刻互动。

近代共和政制集中表现为以人民主权原则为核心的政体结构。政治实践层面,法国大革命与美国建国是近代共和的两大典范。政治理论层面,法国启蒙思想家卢梭和美国政治家麦迪逊的共和理论最为经典,他们的共和思想分别深刻作用于法国与美国近代共和政体的建构进程。虽然美法两国的共和政治均以人民主权原则为内核,但是两国之间的共和进程和制度建构存在很大差异。近代法国的共和革命紧张激烈,而近代美国的共和构建则相对稳健,其中重要原因在于两国历史环境的巨大差异。殖民地时期北美十三州的周边环境相对稳定,因而美国在完成独立战争之后能够从容进行共和政体构建。相比之下,法国大革命则直接面对的是以绝对君主制和贵族特权为主的不平等的旧制度,因而法国的共和进程以政治革命的激烈形式展开。为便于分析,本章将法国大革命的共和政治理念概括为"卢梭原则",意指积极的人民主权原则,以大众政治参与为取向;而将美国独立战争与立宪建国所体现的共和政体精神概括为"麦迪逊原则",意指消极的人民主权原则,以宪制构建为取向。① 从这种划分方式中可看出法国与美国两种共和传统的相通理念与基本分野。卢梭的共和思想以激进著称,批判以代议制为形式的间接民主,高扬直接民主和公民参政精神。相比之下,麦迪逊对民主政治则持相对低调的态度。美国当代政治学者 Greg Weiner 指出,麦迪逊虽然并不反对个体的政治参与权利,但是在他的复合型共和政体理论之中,无论在思想观念上,还是在政治制度设计上,均对大众民主政治保持一定的距离。② 在近代中国走向共和的历史进程中,我们可以发现美法两国共和模式的共同作用以及"卢梭原则"和"麦迪逊原则"在观念场域的交织互动。原因在于,近代中国面临的政治转型议题高度复杂,国家统一、内外安全、独立富强、政权建设等主要政治议题并行展开。

## 一、革命内涵之转换

政治革命是近代中国构筑共和政体的先决条件。晚清中国的革命思潮

---

① 关于美法两国共和的差异,尤其是关于美国立国思想家麦迪逊共和主义的论述,相关领域的研究汗牛充栋。如美国宪法学家 C. H. 麦基文将美国宪制传统追溯到古罗马共和宪制和北美殖民地时期政治传统,并指出近代美国共和在宪法的人民性上完成了对于古罗马宪制的继承与发展,突出表现为近代美国以违宪审查代替古代人民的革命权。(参见[美]C. H. 麦基文:《宪政古今》,翟小波译,贵州人民出版社,2004 年。)再如美国政治学家亨廷顿关于美国"都铎政体"的论述,同时指出近代美国共和传统的人民主权,"它是一种隐伏的、被动的和终极的权威,而非积极的有活力的权威"。(参见[美]塞缪尔·P. 亨廷顿:《变动社会中的政治秩序》,王冠华、刘为等译,上海世纪出版集团,2008 年,第 87 页。)再如萧高彦:《西方共和主义思想史论》,在该书导论部分,他将以卢梭为代表的共和理论传统概括为"民主共和主义",而将以美国立宪先贤等为代表的共和理论概括为"宪政共和主义"。可以看出,近代美国共和传统更多表现为一种消极的人民主权原则,与法国大革命时期高扬的卢梭式积极人民革命权形成分野。

② See Greg Weiner, *Madison's Metronome: The Constitution, Majority Rule, and the Tempo of American Politics*, University Press of Kansas, 2012, pp. 1 – 12.

由诸多思想要素构成,而其内容则随着革命实践的展开而发生着深刻转换。1894 年 11 月,孙中山在美国檀香山组建兴中会,近代中国的共和革命进程由此开启。兴中会以"驱除鞑虏、恢复中国、创立合众政府"为号召,可以看出,革命思潮在初兴之际包含民族革命和政治革命两方面内容,民族革命指向清代部族统治,而政治革命则指向帝制政体。此后,革命思潮逐渐汇聚当时相关的思想资源进而不断滋长。20 世纪初,革命实践的深入推动着儒家传统与西方共和密切互动。邹容撰成《革命军》,以激昂的语言宣扬革命:"自格致学日明,而天予神授为皇帝之邪说可灭。自世界文明日开,而专制政体一人奄有天下之制可倒。自人智日聪明,而人人皆得有天赋之权利可享。今日,今日,我皇汉人民,永脱满洲之羁绊,尽复所失之权利,而介于地球强国之间,盖欲全我天赋平等自由之位置,不得不革命而保我独立之权。"①

《革命军》汇聚着多种时代思潮,其中以排满主义和共和主义为基调。排满主义渲染满汉族群差异,以推翻异族政权作为革命号召,这在当时深具鼓动效果。革命需要政治精英针对民众进行政治动员,排满主义虽然偏激,但是在一定程度上能够满足动员需要。而相比排满主义,邹容援引的共和主义的政治意义则更为深远。"卢梭原则"在此彰显,积极的人民主权原则得到激活。与此同时,"麦迪逊原则"在他的思想中亦有所呈现。共和政治的两种思想传统在此交织并奏,此种现象折射出中国当时政治境况的复杂性。现代国家构筑在国家能力和国民政治参与基础之上,然而晚清中国的政治情形却是,国家既无法广泛凝聚民众力量,同时国民亦无法有效参与政治。多数民众游离于国家政治体系之外,普通民众的政治参与渠道与国家认同亟须搭建。晚清中国虽然疆域辽阔、人口众多,然而遥远的边疆仅靠政

---

① 邹容:《革命军》,华夏出版社,2002 年,第 54 页。

治上层与皇室的政治联姻或宗教关系加以维系,基层的村落更多盛行的是"天高皇帝远"的古谚。民众极为有限的政治参与规模致使国家能力羸弱不堪,而法家化君权则更是使得政治结构雪上加霜。中国化共和政治带有很强的兴民权、反专制倾向,与上述历史背景密切相关。就此而言,相比收效缓慢且难以突破的君主立宪,共和革命能够为近代中国提供更加完备有效的国家建构方案。

在共和思潮引领下,儒家传统民本理论得到转化。1904 年,经师刘师培参照卢梭的《民约论》(《社会契约论》),从经史典籍中重组儒家传统的民本资源,撰成《中国民约精义》。他在书中将共和精义与儒家民本加以融合会通,如他在此书开篇对《周易》所作诠释:"《易经》之旨,不外君民一体,乃'民约'既成后之情,非'民约'未立前之情也。故人民之对政府,有处常时之利权,有处变时之政策。所谓处常时之利权者,则通上下之情也。《民约论》谓:'君主之意见,即取决于众人之意见'……则所谓革命者,非汤、武革命也,非汤、武一人之私谋,乃全国人民之合意又可知矣。"①

依托卢梭的社会契约与公意理论,刘师培将传统经史尤其是儒家典籍中的民本思想予以创造转化,这在当时具有重大政治思想效应。在他看来,君主与民众的关系并非自然形成上下尊卑关系,而是君主由民众推举而出,民众是政治主体。政治社会中的君民关系表现为民众与政府的关系,民众拥有最高决断权。承平时期,民众拥有参与政事的权利;而当政治体处于非常时刻,抑或当君主制度蜕变为专制帝制时,人民则拥有革命权。刘师培将共和政治的人民主权原则发挥得淋漓尽致。可以看出,儒家传统并非构成共和政治的阻碍,而是与近代共和政治理念存在诸多共振。

自 1905 年至 1907 年,围绕实行君主立宪抑或民主共和,由革命派主持

---

① 刘师培:《中国民约精义》,岳麓书社,2013 年,第 1~2 页。

的《民报》与由保皇派主办的《新民丛报》进行持久论战,共和革命在近代中国持续升温。在此期间,孙中山的共和理论有了长足发展,逐渐成为革命党人的主导政治共识,突出表现为三民主义的形成。1905 年,孙中山在同盟会机关刊物《民报》发刊词中将民族主义、民权主义和民生主义进行阐发,以此作为中国近代共和革命的政治纲领。对于中国数千年政治传统而言,三民主义的提出具有深刻的政治影响。众所周知,中国传统政治存在王朝治乱循环的周期困境。这即是说,周秦之变以来,虽然中国古代历经朝代更迭且各代君主政体并非同质(如明代和清代的君主政体结构存在很大差异),然而中国古代的政治精英却无法对君主制度本身完成超越,甚至无法设想出君主制度的替代性政治结构。如美国当代思想史家史华慈指出:"为什么千百年来受苦于这个权力毫无限制的结构的儒生,不曾好好思考过要向这个旧结构挑战,或试图限制它的力量,或者提出另一种替代品?"①他提出的这一议题颇为尖锐,直击中国传统政治的深层症结所在。随着孙中山三民主义政治学说的形成,中国近代政治出现走出帝制、突破治乱循环的政治方案。1906 年,同盟会发布孙中山、黄兴和章太炎等制订的革命方略,在政治方面提出:"驱除鞑虏之后,光复我民族的国家……今者由平民革命以建国民政府,凡为国民皆平等以有参政权。大总统由国民公举。议会以国民公举之议员构成之。制定中华民国宪法,人人共守。敢有帝制自为者,天下共击之!"②

可以看出,当时共和革命的政治纲领主要由排满光复和三民主义两种理论汇聚而成。章太炎是排满光复论的代表人物,在他的思想学说中,排满是革命的目的,而革命的内涵即是光复。随着共和革命进程的深入,近代中

---

① [美]本杰明·史华慈:《中国政治思想的深层结构》,许纪霖、宋宏编:《史华慈论中国》,新星出版社,2006 年,第 26 页。

② 孙中山:《中国同盟会革命方略》,《孙中山全集》(第一卷),第 297 页。

国共和主义逐渐超越褊狭的排满光复论。在三民主义政治框架中,排满指向清廷统治,仅是革命的手段,而革命的目的则在于构建共和政治。在三民主义的引领下,近代中国共和革命的内涵发生重大转变,即由最初的破坏主义、排满主义转变为以政体革新为中轴的建构主义。当代共和思想家汉娜·阿伦特认为:"只有发生了新开端意义上的变迁,并且暴力被用来构建一种全然不同的政府形式,缔造一个全新的政治体,从压迫中解放以构建自由为起码目标,那才称得上是革命。"①从这个意义上来讲,当时康有为等保皇势力将共和革命视作可能导致社会动荡的暴力行动,类似评价显然有失偏颇。共和革命的重心在于清除帝制进而构建共和,内含的政治建构性要超过破坏性,因而属于良性的政治革命。为保证革命进程的有序进行,孙中山在革命方略中提出较为审慎的革命程序论,将革命推行次序划分为军法之治、约法之治以及宪法之治三个阶段。按照这一设想,从兴起革命到落成共和的过程中,军事政治亦逐渐过渡到民权政治。

## 二、民初政治衰败试析

辛亥革命虽然终结了传统帝制,然而近代中国的共和国家建构却远未完成。在立宪派调停下,立足未稳的革命派与握有重兵的北洋派暂时达成妥协,共同维护共和政体。然而民国初年政局很快陷入混乱。关于民初政治衰败的分析,在政治学领域,制度主义分析视角聚焦民初的制度设计,指出《中华民国临时约法》在制度设计上存在总统制与内阁制界定不清等重大隐患,导致总统与内阁总理之间屡屡出现激烈政争。政治宪法学领域,有研究指出:"南方坚持统一的共和革命产生,袁世凯虽然暂时不直接挑战南方

---

① [美]汉娜·阿伦特:《论革命》,陈周旺译,译林出版社,2011年,第23页。

的论述,但随着实力的增长,必然会公开提出民国统治权因袭于清朝的理论。而这就为'大妥协'之后的'大决裂'埋下了伏笔。"①

在既有研究基础上,本书从儒家传统与共和革命互动视角分析民国初年的政治变迁。依共和主义视角,共和革命的内涵在于废除清廷代表的专制君主政体。而共和政体的建立意味着人民主权原则的确立。就此而论,南北统一与其说是革命派与袁世凯北洋系等政治力量的妥协,毋宁说是共和力量对其他政治势力的接收与吸纳。在政道层面,儒家传统与近代共和之间存在共振。关于政权转移,传统儒学基于天命论予以理解,其中蕴含一定的政治公共性。在传统儒学看来,天下并非君主一家一姓私产。孟子的尧舜禅让论对于我们理解儒家政道观念颇为关键。孟子弟子万章问尧是否将天下禅让给舜,孟子给予否定的回答,而对此他给出的原因是:"天子不能以天下与人……昔者尧荐舜于天而天受之,暴之于而民受之,故曰,天不言,以行与事示之而已矣。"(《孟子·万章上》)君主只是政治客体,而具备政治主体资格的则是意志之天及天下万民。在此,孟子这一政道理念渊源于儒家六经。天道虽抽象难名,而民心则可体可感,天道与民心相通。《尚书》对此多有记载,如"天聪明,自我民聪明;天明畏,自我民明威"(《尚书·皋陶谟》),再如"天视自我民视,天听自我民听"(《尚书·泰誓》)等。天命转移论出现于西周初年,用来指涉家天下时代的君权转换。在传统儒学视域中,天命是天道在家天下时代的外显形式,至公之天道以"命"这种变化无常的形式呈现出来。天命转移论是公天下之政道在家天下时代的嬗变与调试。天命论既蕴含儒家的公共政治理念,却又含有很强的政治神秘基调。

而从儒家政道来看,清帝逊位这一历史事件超越了儒家传统的天命转移论。就此而论,共和革命克除了天命论中神秘主义因素,使得传统儒家公

---

① 章永乐:《旧邦新造(1911—1917)》(第二版),北京大学出版社,2016年,第89页。

天下政道得以豁显。依古今政体来看,近代共和革命是"新",而依传统政道而言,共和政治则是"旧",因而在共和时刻,古今之间或者说传统与现代之间与其说是断裂,不如说是转承与更新。因此,辛亥革命通过对传统王权的"激进"革命,同时实现对中国传统天下为公政道理念的"保守"。在近代共和革命历史进程中,激进主义与保守主义交织互动。

从政治发展角度来看,民国初年政治衰败的重要原因在于近代中国国家构建过程远未完成。关于现代国家的分析,如福山所论:"国家是中央集权且等级分明的组织,在界定领土上享有合法的武力垄断。除了复杂性和适应性,国家还有非人格化程度的深浅。"①武昌起义之后,革命党基于共和政治理念,着手组建"中华民国"及政权机构。1912 年 1 月 1 日,"中华民国"成立。根据《临时政府组织大纲》,民国以共和为政体,实行总统制。孙中山于南京就任"中华民国"第一任临时大总统。随着南北和议的达成,新生的民国政府面临的巨大问题在于,如何将新加入的北方政治力量纳入民国的制度框架之内,尤其是将袁世凯及其北洋军事力量纳入国家制度体系。为此,革命派主导的参议院制定《中华民国临时约法》,其中在政体结构方面确立总统与责任内阁相互制衡式政体。在此之前,经临时参议院选举,袁世凯接替孙中山担任第二任临时大总统。革命党人此时试图通过责任内阁制制约袁世凯权力,防止出现总统独裁政治。相关研究指出:"在临时约法下,大总统仅一不负政治责任之元首……临时约法既定政府为内阁制,又定国务员之任命,须经参议院同意,实近于画蛇添足。同时临时约法之不与行政机关以解散国会权,虽以保全国会为目的,但其结果,则实使整个政治制度,失其调整之机能,而转增运用上之若干阻碍而已。"②

---

① ［美］弗朗西斯·福山:《政治秩序与政治衰败:从工业革命到民主全球化》,毛俊杰译,广西师范大学出版社,2015 年,第 23 页。

② 钱端升等:《民国政制史》,上海人民出版社,2011 年,第 17 页。

　　《临时约法》的制度设计存在隐患,很大程度上构成民国初年政局混乱的制度背景。虽然总统、责任内阁和参议院三者之间存在制衡,但是整体政治架构却难以协调运转,尤其是总统与内阁总理之间的相互掣肘问题尤为严重。除制度设计原因之外,民国初年政治衰败亦存在深层结构原因。政治制度是国家内部各方政治力量之间权力比重的结构表现。民国初年北洋政治势力与同盟会的实力对比存在很大不平衡,主要表现在北洋政治势力当时在军事力量上要超过同盟会。而同盟会主导的临时参议院制度设计的主要考量是将袁世凯及其北洋政治势力有效纳入国家制度,这是现代国家建构的题中之义。此后的历史进程显示,责任内阁实际上能够发挥对总统权力的制衡作用。然而即使袁世凯这个政治强人能够被安置于制度框架之内,他的北洋军事势力也很难被加以有效制度约束。原因在于,北洋军事力量的私人属性导致其难以被纳入制度框架,这一政治困题其实早在晚清时期便已出现。维新变法时期,袁世凯被清廷委任组建新军,他在天津小站练兵时便刻意将新军打造成他的私家军队。"北洋军人,多系卵翼于袁世凯,才质驽下者居多,对上只知服从,不敢有所主张。盖北人对长官之忠,非发生于公的意识,全基于私的情感。"[1]此后,随着北洋政治势力不断增长,至宣统时期,清廷实际上已失去对国内主要军事力量的掌控能力。民国建立以后,袁世凯仍然牢牢把持着北洋军队的控制权,导致民国政府在国家层面难以达成对境内武装力量的有效掌控。相较而言,革命派之所以政治力量较弱,与其政权基础薄弱有直接关系。在推动共和革命的过程中,同盟会主要依靠的是留学生、华侨以及部分新式军队等政治力量,政治动员极不充分,占据人口比重绝大多数的农民并没有被纳入革命进程及政权组织之中。因此,民国初年的政治衰败在很大程度上源于北洋势力这一非制度化政治力

---

① 吴虬:《北洋派之起源及其崩溃》,中华书局,2007 年,第 8 页。

量对初生共和政体框架的扰乱及颠覆。

由此可见,民国初年虽然政治制度得到创建,但是政局却呈现极不稳定的平衡。政治局势的稳定与否完全取决于政治强人的专断意志,而一旦政治强人威权不再,那么他的私人政治武装便会各自称雄,最终导致民国初年权威碎片化,政治衰败程度持续加深。宋教仁案发生后,革命派与袁世凯北洋势力彻底决裂。袁氏借助北洋军事力量镇压革命党人的"二次革命"。孙中山及部分革命党人流亡海外,展开反袁斗争以图扭转共和危局。此后,袁氏开始总统独裁之路,先是迫使参议院选举其为"中华民国"正式大总统,其后解散国民党并随后解散国会。民国三年(1914)五月,由袁世凯操纵的约法会议制定《中华民国约法》,建立总统集权政体。袁氏对此进行一番辩解:"夫国家处开创之时,当多难之际,与其以挽救之则,委之于人民,委之于议会,其收效缓而难,不如得一强有力之政府以挽回之,其收效速而易,所谓易则易从也……一俟宪法制定,国会告成,他日者由开创以达守成,积极以企我国家于强盛之域。"①

袁氏认为,时逢民国草创,国家需要建立强力政府以便能够对外抵御列强对内发展经济,相比议会共和制政治,总统集权式共和利于国家实力在短期获得提升。按照这些说辞,总统集权只是国家处在特定时期的制度设计,而一旦国内的议会政治发展成熟,总统便会让渡权力,从而使国内政治回归常态。结合民国初年内外形势,当时的中国面临艰难的国家建构政治议程。国内方面,国家与社会联系松散,中央对地方的掌控能力较弱,国家能力亟须提升;国际方面,虽然欧洲列强因一战临近而放松对华操控,但是军国主义日本却在紧锣密鼓地实施对华侵略。对于时人而言,总统集权或许能够扭转当时的严峻局势,这是袁氏在不断集权的过程中尚未至失去所有政治

① 白蕉:《袁世凯与中华民国》,中华书局,2007年,第112页。

追随者的重要原因。从思想语境来看,追求强力政府一直是近代中国的重要政治思想趋向。当时包括孙中山、梁启超等在内的许多政治家都希望近代中国能够建立强力政府以推动国家现代化。[①] 在此需加以区分的是,与袁世凯的独裁思维不同,孙中山与梁启超的强力政府论是要在宪制框架之内建设有能政府。假如袁世凯能够在此悬崖勒马,那么他的总统集权及相关说辞或许还能勉强维持当时部分国民同情。然而由于个人权力欲望的扭曲膨胀,袁氏在独裁政治的泥潭中愈陷愈深,终至帝制自为而彻底失去人心,民国初年政治衰朽局面随之更加难以收拾。

### 三、儒家与帝制复辟关系再思

民国初年,儒家传统与共和政治的互动持续展开。袁世凯在任总统期间,多次发布尊孔政令,并以总统身份率领群僚举行祭天祀孔典礼。袁氏在当时试图将孔子儒学塑造成共和政治中国民道德的基础规范。然而他在此后的帝制复辟举动致使儒家传统亦被裹挟其中。民国二年,国民党议员主导的第一届国会拟定出台《中华民国宪法草案》(1913)(亦称"天坛宪草"),经过反复磋商,该宪法草案第十九条规定:"中华民国人民,依法律有受初等教育之义务,国民教育,以孔子之道为修身大本。"[②]可见,儒家文化在民国初期能够较好地融入新兴的共和政体。然而随之而来的两次帝制复辟为共和时代的儒家转型蒙上浓重阴霾,传统儒学在此后的学术思想领域成为众矢之的。由于儒家传统与君主政体的千丝万缕联系,因而关于民国初期儒家与共和的关系,后世往往将儒学与这两次帝制复辟联系起来,并时常将儒家

---

① 参见闫润鱼:《中国近代思想史上的"强力政府论":激进乎? 保守乎?——基于梁启超、孙中山相关思想的考察》,《中国人民大学学报》,2011 年第 6 期。

② 郭卫编:《天坛宪法草案》,《中华民国宪法史料》,中国台湾文海出版社,1973 年,第 18 页。

传统视作君主政体的政治附属。这类论断略显仓促。因此,有必要对儒家与民初两次帝制复辟的关系予以再思。

袁世凯复辟帝制凭借的理论资源并非儒家思想,而是别有所在。1915年8月,美国政治学者古德诺发表论文《共和与君主论》,论证君主政体比共和政体更加适于中国,该文意图昭然,欲为袁世凯即将进行称帝活动提供学理支持。不久,筹安会成立,其成员杨度发布《君宪救国论》,该文成为袁氏复辟帝制的重要理论依托。概括而言,他对君主政体的论证逻辑是:"盖求富强,先求立宪,欲求立宪,先求君主故也……计惟有易大总统为君主,使一国元首,立于绝对不可竞争之地位,庶几足以止乱……改为君主以后,全国人民又思望治,要求立宪之声必将群起,在上者亦知所处地位不与共和元首相同,且其君位非由帝制递禅而来,乃由共和交易而成者,非将宪政实行,无以为收拾人心之具,亦不能不应人民之要求也。"①

杨度不是从正面论证恢复帝制的合理性,而是先从反面列举中国实行共和政治的危害。他认为当时的中国如若继续采用共和政体,其后果则是国家既无法达到富强同时亦无法实现立宪。在他看来,中国实行君主制度已有数千年之久,一旦君主制度缺失,普通民众便会因丧失效忠对象而变得无所适从。同时,在共和政体下,国内各种政治势力因觊觎总统之位而进行无休止的战争。民初乱局似乎恰好能够证实中国实行共和政体的诸多弊端。因此,他认定当时只有重新恢复君主政体才能够避免亡国灭种。当然,皇帝制度并非一般的君主政体,杨氏对此亦有所察觉,于是他继续论证回归帝制的合理性。他采取间接论证的策略,将帝制作为实现君主立宪政治的权宜手段。他认为如果中国能够恢复帝制,那样就有望在未来达到立宪政治。他在此抛出关键论证,即在当时共和政体下,如果民众将大总统拥戴为

---

① 杨度:《君宪救国论》,《杨度集》,湖南人民出版社,1986年,第569~571页。

君主,那样就相当于与这位君主达成某种特别的"政治交易",即以帝制换得立宪。新君主意识到他的权威来源于民众的推尊而不是前代君主的禅让,因此这位新皇帝未来就一定能够推行立宪以回应民众曾经对他的拥立。由此可见,袁世凯复辟帝制的理论说辞主要是由古德诺、杨度等的政体理论提供的,而不是儒家学说。实际上,如果按照传统儒家的君主理论,那么袁氏称帝是很难自圆其说的。康有为对袁世凯的称帝举动甚为不齿,他的态度可以折射当时儒家士人的一般看法。他在《劝袁世凯退位书》中指出:"盖古之称帝者,固由力取,不必有德,然必积久坚固而后为之。然以曹孟德手定天下之雄,司马懿、司马师、司马昭、高欢、高澄有世济其美之才,皆为政数十年,举国臣民为其卵育;然尚徘徊逡巡,不敢遽加帝号……易曰:'天下所助者顺,人之所助者信,是以自天祐之,吉无不利。'今公对清室,则近篡位为不顺,对民国则反共和为不信,故致天怒人怨,不助不祐,不吉不利,公之近状,必无幸免矣。"①

在此,康有为根据儒学理论对袁氏称帝进行评定。在他看来,袁氏建立帝制属于权臣称帝行为。他以列举的方式向袁世凯出示传统王朝政治中权臣得以攫取帝位的基本条件。传统时代,权臣称帝者不乏其人,他们之所以能够获得皇帝之位,主要依靠强大的武力。然而即便如此,权臣称帝亦需经过长时间的准备积累。在历史上,像曹操、司马懿、高欢等权臣虽然大权在握且具有很强的治国才能,即便久存称帝野心,但是还是有所忌惮而不敢贸然行事。康有为在此引用《周易》进一步指出,古代君主的政治权威主要来自功绩与德行,前者来自战争事功和文治积累,而后者则靠修齐治平等政治德行践履。只有如此,君主方能构建起较为稳固的政治权威。

依此而论,袁世凯虽然能够凭借军事实力获取政治权威,但是他的这些

---

权威却并不稳固且很难服众。若从前清皇室角度而言,袁氏称帝意味着权臣篡位的不义之行;而从共和国民的角度来看,袁氏称帝则是出尔反尔妄图颠覆共和的不信之举。康有为指出,袁氏如此背信弃义必致天怒人怨,因而除非袁氏立即放弃称帝且流亡海外,否则他将无路可走。其后,另一儒家代表人物陈焕章根据天命转移理论对袁氏称帝做出评判:"中国今日最近之事,则袁世凯挟其二十年来政治之积威,盘踞四年总统之大位,抚有全国统一之政局,而伪造民意,上书劝进……全国鼎沸,群以迫袁退位为事,而袁世凯虽求为总统而不可得,立见羞愤而死矣……天命不为一姓之私眷,人人皆有克享天心之资格,特视其造命之功德如何以为断是也……则天命必以民意为主,而民意必以爱民为归。尚德者为爱民,尚力者为不爱民。"①

陈氏的评判颇具代表性。根据传统儒家天命论,家天下时代,欲称帝者能否获得天命,主要取决于他的政治功德与民心向背。因此,传统君主政治权威的形成,与其说是天命所归,毋宁说是民心所向。以此而论,袁氏称帝可谓毫无正当性可言。袁氏以武力把持政局二十余年,为政但凭权谋诈力,而不依民意民本为归。自他就任总统以来,政局混乱,国势衰微,其图谋称帝之举,更是致使民怨沸腾。陈焕章认为,袁氏称帝最终身败名裂,这一结局属意料之中,只不过为传统儒家的天命理论增添一个反面案例而已。由此可见,如果按照儒家义理,袁世凯称帝不惟不能获得合法性,这一举动反而会被证明是背信弃义倒行逆施之举,这或许是袁氏复辟不得不寻求儒家以外的其他理论进行申辩的主要原因。

在当时反对帝制复辟的政治阵营中,梁启超发挥的作用至关重要。民国建立以后,梁任公适时由君主立宪论者转向共和立宪论者,出任司法总长,积极致力共和政治建设。当袁世凯即将恢复帝制时,梁任公授意他的学

---

① 陈焕章:《孔教经世法》,上海书店出版社,2016年,第103页。

生、时任云南都督蔡锷兴师讨袁,推翻袁氏统治,捍卫共和政体。在此期间,任公撰写《异哉所谓国体问题者》以示与帝制势不两立,这篇文章被认为是任公为反对帝制复辟而作的政治檄文。实际上,该文的政治思想意义远不止此。任公此文直接促成共和政治在理论层面得以巩固。梁启超对君主与共和进行学理辨析:"夫立宪与非立宪,则政体之名词也;共和与非共和,则国体之名词也。吾侪平昔持论,只问政体,不问国体,故以为政体诚能立宪,则无论国体为君主为共和,无一而不可也。政体而非立宪,则无论国体为君主为共和,无一而可也。"①他进而指出,"自古君主国体之国,其人民之对于君主,恒视为一种神圣,于其地位,不敢妄生言思拟议,若经一度共和之后,此种观念遂如断者之不可复续"②。

梁任公巧妙地将君主和共和归为国体范畴,而将政体划分为立宪与非立宪两种类型。他继而指出政治家的职守在于建设立宪政体,而关于国体类型,则不应予以变动。当然,这并不是因为国体类型无足轻重,恰恰相反,在梁氏看来,国体是共同体秩序的基础,政体亦构筑在国体之上。因而对于一国政治来说,国体至关重要,以至于政治家不宜对之进行变更。在他看来,国体是中性的,君主与共和并无孰优孰劣可言,而政体却有立宪或专制的高下区分。梁氏基于国体的概念建构与类型划分,进一步对共和在国体层面予以证成。他采取迂回论证策略,即通过论证君主国体之不可逆性证成共和国体之不可改易。也就是说,君主国体具有时间之维,君主权威的构建需要经过长时间的积累,而一旦这种权威遭到破坏,则君主国体便很难得到恢复。梁任公特别指出,在现代政治条件下,如果一国国体由君主变为共和,那么该国君主政治权威便发生不可逆转的溃散。因此,对于近代中国而

---

① 梁启超:《异哉所谓国体问题者》,《盾鼻集》,《饮冰室专集之三十三》,中华书局,2010 年,第 88、94 页。

② 同上,第 94 页。

言,民国初期共和国体的建立已经导致君主政治彻底祛魅,在此状态下,重建帝制既无必要,亦无可能,更不可欲。

虽然梁氏并未直接对共和政体予以正向论证,但是其对帝制复辟的驳论却间接促进了共和政治的证成,尤其是在政治理论上使得共和不可逆转地成为现代中国由以立基的国体。梁任公的国体论建构亦构成对近代日本政治理论的批判式回应。明治维新时期,日本的政治理论家基于西方政体学说,将天皇制度认定为近代日本的国体,所谓天皇国体论由此产生。20 世纪初,近代中国知识界在翻译西方社会理论著述时大量吸收日本学界的翻译成果,"国体"逐渐成为中国政治理论的重要概念。① 在学术思想的传播过程中,"国体"这一概念涵义发生重大转换。辛亥革命以后,近代中国确立共和政体。共和国体论在近代中国产生,其中存在儒家传统与近代中国政治实践的相互作用。诚如美国当代学者列文森(Levenson)所论:"中国的'汉学'查究赝品,在终极意义上具有革命和共和政体的含义,而日本的'纯神道'则杜撰赝品,在终极意义上具有革命但保留君主政体的含义。"②在此,"汉学"与"纯神道"分别意指中国儒家传统和日本神道教。可以看出,儒家政学传统为近代中国共和国体的构筑和巩固发挥重要作用。

民国六年,围绕中国在一战中是否对德宣战问题,总统黎元洪与总理段祺瑞之间发生激烈政争。段祺瑞邀请盘踞在徐州的军阀张勋率军入京调停,张勋乘势发动帝制复辟,恢复前清帝制。张勋复辟仅仅进行不足一月便宣告破产,虽然持续时间短暂,但是却对儒家传统与共和政治的关系造成极为不良的影响,以至给后世造成一种印象,即儒家与帝制似乎是一体两面。因此,本书在此对张勋复辟所凭借的理论资源加以探析,以便进一步反思儒

---

① 相关研究参见林来梵:《国体概念史:跨国移植与演变》,《中国社会科学》,2013 年第 3 期。
② [美]列文森:《儒教中国及其现代命运》,郑大华、任菁译,中国社会科学出版社,2000 年,第 268 页。

家与帝制的关系问题。张勋复辟的拥趸者为前清皇族、遗老、地方军队和部分立宪派官僚,所借助的理论主要是传统儒家的三纲思想与康有为的虚君共和论。

家天下时代,天命转移说与三纲理论是儒家君主学说的两种典型形态。长久以来,三纲理论往往被认为是儒家支持帝制的显证。实际上,三纲内涵深具历史变化性,其中君臣之纲在历史进程上随着君臣关系的演变而变化。春秋时期,君臣纪纲呈现相互性。在周代封建政治中,君臣主要是封主与家臣。因而在当时君臣关系并非指周王与天下臣民之间的一君万民关系,而是在分封过程中形成封主与家臣的关系。因而君的地位非为周王独占,而是凡存在分封过程,即存在君臣关系。如周王为诸侯之君,诸侯为卿大夫之君,卿大夫为家臣之君等。由于相隔层层分封关系,因而周王与普通民众并不直接形成君臣关系。在这一历史背景中,先秦儒家将尊君与礼臣并重,即孔子提出的:"君使臣以礼,臣事君以忠"(《论语·八佾》)。西汉中期以后,在王室与士人政府相维式政体结构中,君主礼臣与臣下尊君之间呈现动态互动,君臣之纲即为这种互动关系的义理表现。概括而言,当士人政治处于良善运行时期,君臣关系的相互性能够得到很好贯彻,如北宋时期君臣之间的相互维系;而当士人政治遭到专制君主的压抑时期,君臣关系便蜕变为君主对于臣下的宰制,这在明清时期尤其明显。在清代官方理学中,儒家三纲蜕变为君主对臣下的绝对支配,礼臣传统遭到破坏。就理论层面而言,君臣之纲既有君臣相与的相互性,亦存在君尊臣卑的绝对性。已有研究指出:"臣之以君为纲就不是在讲私人关系,不是臣对君这一个体的服从,而是个人对天下国家的服从,对义的服从。"①类似分析颇具启发意义,关注到三纲

---

① 秦际明:《"三纲"之争与儒家的现代命运——以方朝晖、李存山的争论为中心》,《天府新论》,2014年第1期。

之中蕴含的政治公共性。然而不可忽视的是,君臣关系仍然存在相当程度的私人关系属性,而正是这种无法完全去除的私人关系性质构成三纲式君主论的理论局限。尤其朝代更迭之际,即使天命发生转移,前朝大臣在当朝政权为官,在传统时代往往被视为违背君臣之义的贰臣。

可以看出,传统君主制度必然带有家族血亲传承因素,因而臣下服从君主,这里的君主不仅是抽象的治统,而且是具体的血亲家族,否则就无法解释朝代更迭时的前朝遗老现象。家天下时代,儒家虽然注重君主治统的公共性,但却无法完全克除世袭君主的私人性。君臣之纲的公私交融性致使其政治效力的发挥存在限度,在时间上,每个王朝君臣之纲的构筑需要长时间累积,而当朝代更迭之时,忠臣难事二主,前朝遗民很难表达对于本朝的政治认同;在空间上,君臣之纲的强度从士大夫到民众逐渐减弱。宋代朱子的评论颇为敏锐:"今世如士人,犹略知有君臣之分。若是田夫,去京师动数千里,它晓得甚么君臣!"[1]由于世袭君主制度蕴含的私人属性,君臣之纲更多体现的是士大夫对本朝君主的部分效忠,而普通民众对君主的认同则并不强烈。民国初年,前清遗老仍对前清皇室加以尊奉,其中便含有儒家三纲的思想因素。然而随着民国共和取代传统帝制,前清遗老这种道义处境颇为尴尬。有研究指出:"民国建立共和体制,使得'不事二姓'无法再成为忠清之人的藉口,因此失去了坚持理念的着力点。"[2]就此而论,张勋复辟的思维逻辑与政治行动只是部分前清遗老的局部举动。随着帝制的倾覆,三纲式君主论很难再被构筑。共和时代,儒家传统内含的公天下政道最终完成对三纲理论的超越。

张勋复辟的另一部分理论资源来自康有为的虚君共和学说。康有为通

---

① 朱熹:《朱子语类》,黎靖德编,王星贤点校,中华书局,1986 年,卷第一百三十四,历代一,第3211 页。

② 林志宏:《民国乃敌国也:政治文化转型下的清遗民》,中华书局,2013 年,第 339 页。

过考察各国政治,将现代共和政体划分为十二种类型,包括瑞士的议长共和、美国的总统共和以及英国的虚君共和等,他做此分类目的是将君主纳入共和之中,试图在共和政治中保留君主。"中国乎积四千年君主之俗,欲一旦废之,甚非策也。况议长共和,易启党争,而不宜于大国者如彼;总统之共和,以兵争总统,而死国民过半之害如此。今有虚君之共和政体,尚突出于英、比与加拿大、澳洲之上,尽有共和之利而无其政乱之弊。"①

康有为指出,中国古代实行君主制度已有四千年之久,倘若一旦废除,则会对秩序造成很大冲击。在此,帝制非但不被认为是华夏古今秩序的致乱之因,反而被他看作稳定之源。康氏认为议长制共和会造成党争,总统制共和则会导致国内各大政治势力武力争夺总统之位,因而民国中国最合宜的政体便是虚君共和。英国、比利时以及英联邦国家如加拿大、澳大利亚等均在共和政体之内保留君主,所以这几个国家均能获得良好治理效果。康有为参与张勋复辟在很大程度是为了落实虚君共和政体构想。"中国行君主共和之政体,国本安固。冲主方幼,不预政事,仍行责任内阁,无争政权之事。然后开国民大会,以议宪法,再召集国会而举议员,则有英、日之故事在。"②前清皇室在当时仍然具有一定号召力,而在复辟之后,由于溥仪皇帝尚处幼年,不具专制能力,因此他是虚君的理想人选。在康氏看来,中国在民国初年只有实行君主式共和方能达到政治稳定。在这一设想中,前清皇室复辟之后,仿效英国与日本,设立责任内阁,在此之后推行议会政治。

在此需对虚君共和论与儒家传统的关系做以辨析。康有为是近代孔教论的重要提倡者,然而他的虚君共和论的基础却并非孔教论,而是西方政体学说。一方面,康氏孔教论政体观体现在其公羊三世说之中,即君主专制属

---

① 康有为:《共和政体论》,《康有为全集》(第九集),第248页。
② 康有为:《致张勋、黎元洪等电》,《康有为全集》(第十集),第385页。

于据乱世,而立宪君主和民主共和则分别对应升平世和太平世,相比于君主政体,民主政体处于更高的历史阶段。而另一方面,他又认定君主立宪与民主共和只是两种不同的政体类型,两者之间并无高下之别。可以看出,孔教论与虚君共和说之间存在巨大张力,两者难以达成逻辑自洽。因此,康氏在构建其虚君共和理论时无法依托孔教论,而更多借助的是西方政体类型学。如若按照孔教论,君主政体只是权宜之计,共和政体才是更优选择。而孔教论者之中不乏共和论者,典型如陈焕章,作为康有为门下高足、民国初年孔教论的代表人物,他是反对帝制复辟的共和论者,在政体主张方面与其师旨趣迥异。而同样为孔教会成员,梁启超当时发表《辟复辟论》,表达其反对帝制复辟的政治主张,直接将批判矛头指向其师康有为的政论:"如其然也,则易共和而为君主,而国中岂其遂可不设一统兵之人? 在共和国体之下,既敢于挟其力以争总统,在君主国体之下,曷为不可挟其力以临内阁? 彼固不必争内阁之一席也,实将奴视内阁而颐使之。"①

梁启超的论述直接击中复辟论者的逻辑要害。复辟论者强调,总统制共和政体会导致内战,而恢复君主制度便可以定分止争。梁任公顺其逻辑指出,即使君主制度得到重建,也不会止息战乱。原因在于,即便在虚君政体下,国家仍需任命将领统辖军权。既然军阀在共和国体下敢于凭借武力争夺总统之位,而在君主国体中仍会肆无忌惮地统兵挟持内阁。民国初年政治衰朽的原因不在君主缺失,而是武人干政。任何类型的政体都会存在武人干政现象,君主政体也不例外,否则就无法解释五代时期并非共和政治,然而各路军阀仍会为取得君主之位发动惨烈兼并战争。

儒家与帝制的关系错综复杂,如若简单地将儒家看作帝制的护符,类似分析诚非确论。袁世凯复辟的理论资源是政治权谋逻辑,儒家的天命论与

---

① 梁启超:《辟复辟论》,《盾鼻集》,《饮冰室专集之三十三》,第118页。

三纲理论无法为其提供证成。张勋复辟的理论基础亦很驳杂,作为清室旧臣,张氏政治行动受到传统儒家三纲思维的指引,而在理论上则主要依托康有为的虚君共和政体学说。实际上,儒家三纲与其说是君主政体的原因,毋宁说是君主政体的后果。作为前清遗老,康有为积极参与张勋复辟行动,他的君主复辟论更多依托的是经其粗糙改造的西方政体类型学,因而虚君共和的理论基础并非孔教论儒学。

## 四、民初共和与儒家的互动顿挫

民国初年,由于受到两次帝制复辟的波及,传统儒学成为当时学术思想领域的批判焦点。新文化运动提出民主与科学,重新估定一切价值,极大推进了近代中国的启蒙进程,促进了中国的现代转型。在此期间,学术思想领域出现异常激烈的反传统主义,对儒家传统产生强力冲击。如何理解这一时期儒家传统与共和政治的互动,构成本节的主要关切。陈独秀在《复辟与尊孔》文中指出:"孔教与共和乃绝对两不相容之物,存其一必废其一,此义愚屡言之……盖以孔子之道治国家,非立君不足以言治。孔子之道,以伦理政治忠孝一贯,为其大本,其他则枝叶也。故国必尊君,如家之有父。"[①]

在此孔教泛指包括近代孔教在内的整个儒家思想体系。他将帝制复辟归结为儒家传统作祟,认为儒家传统必会催生出君主制度,孝与忠是儒家不可或缺的两个方面。儒家由孝父推扩至忠君,忠孝同构,因而与共和政体难以相容。巩固共和的必要条件是否弃儒家传统。同时,在当时全盘反传统主义看来,传统家族是滋生君主制度的温床,是故反对传统君主制度需要与批判传统家庭结合起来。如在社会理论层面,吴虞将对传统家庭的批判发

---

① 陈独秀:《复辟与尊孔》,《独秀文存》,安徽人民出版社,1987 年,第 64 页。

挥到极致："徒养成君主圣人家长的威势,以家族的基础为国家的基础。人民独立之自由,终不能脱离宗法社会,进而出于家族圈以外。"①在他看来,儒家传统有助于养成君主、圣人以及家长的权力威势,将国家的政治基础建构在家族之上,国是家的自然延展,所谓家国同构。中国古代长期停滞在宗法社会阶段,普通民众被禁锢于儒家礼教之内,个体的独立与自由很难得到伸张。

民国初期的反传统主义呈现全盘性,之所以会呈现如此特征,林毓生将之概括为两个方面:其一,民国初年政治状态恶劣,表现为军阀割据、帝制复辟与帝国列强交侵等,尤其是帝制复辟与儒家传统之间似乎存在的暧昧关系,这直接引起激烈反传统主义的出现;其二,中国古代秩序具有整全性特点。"正因为普遍王权是一个必要的链环,它使社会－政治和文化－道德秩序高度地整合着,所以,随着普遍王权崩溃而产生的社会－政治秩序的解体,也就无可避免地导致了文化－道德秩序的破坏。"②在当时的历史环境中,反传统主义是新文化运动先贤针对民初政治乱局提出的激进思想革新方案。政治变迁方面,这些变革方案促进了当时学术思想革新与现代化进程。而就儒学转型而论,新文化运动对儒家传统的影响颇为复杂,两者并非完全呈现互斥关系。一方面,激进反传统主义思潮对近代儒学产生强力冲击,而在另一方面,新文化运动则促使儒家内部对传统儒学予以整体性反思,尤其是荡涤了帝制时代王官学儒家传统存在的诸多弊端,促进传统儒学在共和政体与理性反思基础上展开现代转型。此外,由于这一时期反传统主义思潮呈现全盘性特征,因而难免存在矫枉过正之处。在此,虽然中国传

---

① 吴虞:《说孝》,《吴虞文录》(卷上),《民国丛书》(第二编),上海书店出版社,1990 年,第17 页。

② [美]林毓生:《中国意识的危机:"五四"时期激烈的反传统主义》(增订再版本),穆善培译,贵州人民出版社,1986 年,第23 页。

统政治秩序呈现整全性特征,但是儒家传统并非君主政治的附属物,而是对传统政治社会产生深刻塑造作用。换言之,传统时代,既存在普遍王权对儒家传统的整合作用,亦存在儒家传统对普遍王权的塑造作用,两者之间呈现深层二元权威结构。周秦之变以后,儒家传统与君主政治的互动形塑着传统政治的制度变迁进程。

儒家传统对君主制度的塑造作用主要表现在政道与政体两个维度。政道方面,儒家传统发轫于孔子对尧舜三代政道的概括提炼以及创造发挥,集中表现在儒家六经系统之中。秦汉之后,儒家士人群体秉持尧舜三代政道经纶政治社会秩序。政体结构方面,春秋战国时期,新的秩序因素出现,包括儒家在内的诸子游士集团崛起。诸子学说的共同特征在于经世精神与政治变革指向,对传统政治秩序产生深刻影响。根据钱穆先生相关研究:"博士官自战国始有,盖相应于平民社会自由学术之兴起。诸子百家既盛,乃始有博士官之创建。"①这即是说,诸子集团的议政精神最终凝定成为现实的政治制度,如齐国的稷下学宫、秦代的博士官制。诸子集团进入政治场域,在传统政治结构之中开拓出相对独立的议政空间。周代官师合一转变为春秋战国以后王官学与诸子学的互动结构,而政学合一则转变为秦汉以后政学相维的二元互动结构。秦代以法家学说为王官学,而法家主张君主厉行专制,同时以法为教、以吏为师,专制君主及法家官学对其他诸子之学施行强力压制政策。因而秦代虽然存在诸子议政空间,然而诸子议政的历史记录是异常惨烈的,典型如当博士官建策恢复封建时,秦廷竟颁布焚书法令,严厉打压博士议政。汉承秦制,但在王官学与诸子学关系方面出现质变。武帝将孔子经学定为官学,儒家学说由诸子学跻升为王官学。儒士阶层由战国及秦代议论政治转变为西汉中期以后的主持政务。自汉代至清代的漫长

---

① 钱穆:《两汉博士家法考》,载氏著:《两汉经学今古文平议》,第187页。

历史时期，儒家学说虽然历经变化，然而基本能够保持官学地位。而在儒家传统影响下，中国传统政治秩序形成王室与士人政府的二元结构。由此而论，正因儒家与政体的二元关系，因而在君主政体瓦解之后，儒家传统能够在新的政体环境中存在巨大转型空间。应以指出的是，与欧洲中古时期政教二元不同，儒家与政体并非呈现分离式二元关系，而是相维互动关系，因而儒家转型很难采取康有为孔教式现代方案。同时这种相维关系导致儒家传统与君主政体存在千丝万缕关联，尤其是官学形态的儒学传统，存在诸多与现代政治抵牾之处，因而应予革除。而新文化运动之于儒学转型的重要意义是对儒家官学予以革除，进而将儒家还原为诸子学形态，推动了传统儒学的现代转型进程。

儒家传统在民国初年虽然遭到强力冲击，但却并非失去制度依托的"游魂"。因为就先秦儒家传统的原初状态而言，儒家原本就是社会民间的自由学术。民国建立以后，儒家由王官学重新复归于诸子学，儒家面临的挑战与机遇并存。儒家虽然不再是王官学，但是其所积累的深厚政学传统仍然对于中国现代政治转型不断发挥着积极塑造作用，主要表现在三个方面：其一，儒家传统依然对中国现代知识分子存在深层影响，尤其是经世精神已然沉积于中国近现代知识阶层的价值观念和行为模式之中。在儒家经世传统熏陶下，近代知识阶层对于国家政治事务保持持久关切。典型如胡适（1891—1962），作为近代中国自由主义的代表人物，其留美归国后虽然一度声言要远离政治从事学术，但是在此后不久便投身政治，倡导并推进"好政府主义"政治主张。在他一生之中的大部分时间里，胡适均对国家政治或间接关注，或直接参与。① 可以看出，对于中国近现代知识阶层而言，积极参政

---

① 关于胡适等近代中国自由主义知识群体参政议政的系统研究，参见闫润鱼：《自由主义与近代中国》，新星出版社，2007年。

议政一直都是他们的理论特质和行动品格。其二,作为诸子学形态的儒家传统逐渐出现复苏迹象,主要体现为 20 世纪 20 年代以后文化保守主义的兴起。梁漱溟(1893—1988)在其代表著作《东西文化及其哲学》(1921)中对中国、印度以及西方文化之间的关系进行再思,提出著名论断:"西方文化是以意欲向前要求为其根本精神的……中国文化是以意欲自为调和、持中为其根本精神的。印度文化是以意欲反身向后要求为其根本精神的。"①在他看来,东西方文化并无优劣之别,而是文明的内在精神不同。进一步而言,儒家中庸是中国文化的根本内在精神,而中国文化、印度文化与西方文化是多元共存关系。文化保守主义的兴起在一定程度上起到对全盘反传统思潮的纠偏作用。其三,以中国现代知识精英群体为媒介,传统儒家的经世精神复苏并且再度凝定为民国时期特定的政治组织与制度结构,主要体现在国共两党之外中间党派政治力量的形成。如在抗日战争期间,具有不同社会背景的知识精英群体分化重组为诸民主党派力量,他们依托国民参政会等政治机制积极发挥推动抗日救亡与遏制国民党独裁的重要作用。由此可见,辛亥革命以后,儒家传统虽然经历了全盘反传统思潮的冲击,但是复归诸子学形态的儒家传统再度焕发出崭新的政学活力,持续对现代共和政治建设发挥能动塑造作用。

## 五、民初共和与儒家的互动展开

就民国初年政治形势而言,共和政治建设远未完成。正如钱穆先生所论:"辛亥革命爆发,满洲王室退位,一面是狭义的部族政权已解体,然在此政权下所长养遗留的种种恶势力,却因旧政权之解体而溃决,有待于逐步收

---

① 梁漱溟:《东西文化及其哲学》,商务印书馆,1999 年,第 33、63 页。

拾与逐步清涤。"①质言之,共和的巩固既需解决当时的政治衰朽难题,构筑中国化的共和国体,同时也需兼收中国传统政治并蓄西方近代政治。从儒家与共和互动层面来看,孙中山无疑是政治先行者与思想先驱。

民国初年儒家传统与共和政治之间的良性互动体现在孙中山引领的共和政治力量的政治理论与实践之中。关于孙中山的政治理论,文化主义是其中的经典研究范式。章开沅提出:"孙中山对于中国传统文化,有一个从离异到复归的曲折历程。"②再如桑兵提出:"(孙中山)其既不墨守成规也不轻言割弃的态度,使之与反传统主义及文化保守主义区别开来,不仅当时独树一帜,也留给后人一种可资借鉴的思路。"③

就本书的研究主题而论,儒家传统的共和转型意味着儒家政学结构的转型。孙中山虽然不是儒者,但是他的政治实践与思想学说却蕴含着儒家传统与共和主义的深刻互动。而他引领的共和革命实践推动着共和政治的中国化历史进程。古今维度方面,传统儒家的天下为公理念通贯孙中山的共和思想实践,其中存在明显的继承关系。已有研究指出:"孙中山儒学情结的核心价值理念,便是以孔子的'天下为公'作为其最高理想,由是而构建其理想蓝图。"④质言之,天下为公是三民主义政道的重要基础。政体层面,孙中山会通近代共和政制与传统士人政制,提出于军政、训政之后的宪政时期推行五权宪制构想:"俟全国平定之后六年,各县之已达完全自治者,皆得选举代表一人,组织国民大会,以制定五权宪法。以五院制为中央政府:一曰行政院,二曰立法院,三曰司法院,四曰考试院,五曰监察院。宪行制定之

---

① 钱穆:《国史大纲》(修订本),商务印书馆,1996年,第906页。
② 章开沅:《离异与回归:传统文化与近代化关系试析》(增订版),中国人民大学出版社,2010年,第176页。
③ 桑兵:《孙中山与传统文化》,载氏著:《孙中山的活动与思想》,中山大学出版社,2001年,第342页。
④ 黄明同、张冰、张树旺等:《孙中山的儒学情结:中华文化的承传与超越》,社会科学文献出版社,2010年,第43页。

后,由各县人民投票选举总统以组织行政院,选举代议士以组织立法院,其余三院之院长由总统得立法院之同意而委任之,但不对总统、(立)法院负责,而五院皆对于国民大会负责。"①

孙中山的政体设计是共和政治与儒家传统的有机整合。他以地方自治尤其县自治作为公民政治参与的始基,而国民大会则是共和主义人民主权原则的制度载体。在三权分立政体架构基础上,他提出另设考试权与监察权作为调节,这种政体设计思路颇得传统士人政治的制度精义。如钱穆先生对其中制度原理的论析:"今中山先生之五权宪法,既于西方民主政治三权鼎力之理论上,提炼出中国旧政制中考试监察两权而改成五权,又于其上面抹去一王室,于其下增添一国会,此诚斟酌尽善。"②在中国传统政治中,御史行使监察权,监督士人政府的权力运行。监察系统是中国传统政体的重要调节机制。隋唐以后,士人政府通过科举选拔政务官员,因而考试制度是联系政治与社会的关键机制。由此可见,孙中山的中国传统文化情结或者说儒家思想创造性地转化融入到近代中国的共和政制设计。

民国时期,面对严峻的内外政治形势,孙中山不断探索适合中国国情的共和构建路径,他将目光由政体设计转向现代政党建设。他的政党思想在此期间发生重大转向,即由议会型政党实践逐渐转向苏俄式政党实践。共和政治主要指向国家政体结构,而关于政党在国家政治中所起的作用,近代共和理论则鲜有涉及。而传统儒家方面,"君子矜而不争,群而不党"(《论语·卫灵公》),儒家传统亦与近代政党政治存在区隔。在此,如何理解孙中山政党政治实践中体现的儒家与共和的互动?其实,共和政治构建并无固定模式可循,因而共和中国化意味着近代中国共和建设需完成对西式共和

---

① 孙中山:《建国方略》,《孙中山全集》(第六卷),第205页。
② 钱穆:《中国传统政治与五权宪法》,载氏著:《政学私言》,第10～11页。

政体的吸收与超越,构建适应历史传统与现实国情的共和政制。就政党政治而论,民国初年政治建设并不适宜模仿西方议会式政党政治。"在建立民族国家的过程中西方的政党体系并没有发挥作用,只是在合法性危机的问题解决只有——也就是在宪政统治被接受之后——才运作起来,这也许不是偶然的。"①政党多元主义的前提是稳定的宪制结构与多元社会,而这些条件在近代中国并不具备。从比较历史分析角度而论,世界各主要国家进入现代社会的路径存在重大差异,这种差异更多的是源自各国所面临的历史情境与政治现实。"无论是社会力量主导的现代化,还是国家主导的现代化,还是政党主导的现代化,都是制度变迁中不可复制的道路,是制度变迁中的一种阶段性历史。"②

在此,社会主导型现代化以英国与美国为代表,国家主导型现代化以德国与日本为代表,而政党主导型现代化则以苏俄和中国为代表。就政治发展的时间序列而论,西方主要国家先进行国家建构而后建设政党政治。近代中国的政治现代化路径与此存在很大差异,亟须构建先锋式政党,由强力政党整合社会力量,构建现代国家,在此基础上展开现代化历史进程。质言之,在民国初期内外交困的历史环境中,政党构建亟须先于国家建构展开。关于孙中山的政党思想与政治实践,既有研究重在强调其由英美政党模式向苏俄政党模式的转变历程。③ 而对于儒家传统在此过程中所起作用,相关领域则鲜有注意。在此,我们对儒家传统在孙中山重组政党过程中所发挥的作用略加厘析。孙中山进行国民党改组时反复强调三民主义之为政党纲

---

① ［意］G. 萨托利:《政党与政党体制》,王明进译,商务印书馆,2006 年,第 37 页。
② 杨光斌:《制度变迁中的政党中心主义》,《西华大学学报》(哲学社会科学版),2010 年第 2 期。
③ 参见邵宇:《孙中山政党思想研究——从近代政党与国家建设关系的视角》,云南大学出版社,2010 年。该书对孙中山的政党思想进行全景描述,其中第五章重点探讨了孙中山仿效苏俄政党模式进行国民党改组及其以党治国思想的发展历程。

领的重要性："野蛮时代之官僚，往往因图一人之私利，动以武力压制数千万人，使为一人之奴隶。革命党三民主义，则大不然，自己争自己权利，且争众人权利，人人欢迎，人人同心，故革命党之力量，比较军队之力量还大。此种力量，全由道德与真理所合成。"①

有别于西方利益型政党，孙中山在改组国民党时主要基于天下为公的政党宗旨和天下己任的经世担当，而不是党派的集团利益。其中可以看出传统儒家经世精神和义利观念对孙中山政党纲领的影响。他设想将国民党由议会式政党改组成为道义式政党。此外，他对传统儒家知行学说加以改造形成他的知行理论，试图将此作为国民党的行动哲学。在批评明代王阳明的知行合一学说基础上，孙中山提出"知难行易"理论。在他看来，中国自古向来不乏实行家然而却少有创造家和发明家。秦汉以降，普通大众逐渐养成一种重视行动而轻视求知的心智思维，这在很大程度上导致中国古代科技与人文领域长期徘徊不前。他进而指出，重行轻知的国民精神亦影响着近代中国的共和革命进程，少数先知先觉的革命党人难以唤起多数对革命不知不觉的普通民众，这是导致共和革命在民国初年屡屡受挫的重要原因。因而为扭转共和革命颓势，孙中山提出知难行易理论，试图以此将国民党改组成为先知先觉型政党，进行革命宣传动员，唤起民众政治意识。他进而提出："故中国今日之当共和，犹幼童之当入塾读书也。然入塾必要有良师益友以教之，而中国人民今日初进共和之治，亦当有先知先觉之革命政府以教之。此训政之时期，所以为专制入共和之过渡所必要也，非此则必流于乱也。"②

孙中山认为，民国初年，中国普通民众因长期处于帝制政体之下而政治

① 孙中山：《在梧州对国民党员的演说》，《孙中山全集》（第五卷），第629页。
② 孙中山：《建国方略》，《孙中山全集》（第六卷），第210页。

能力较弱,随着近代中国政体由帝制转向共和,普通民众亟须经过政治训练从而具备相应的政治素养。因此,革命政党在推翻帝制之后,有必要实行一定期限的训政,在此阶段训导民众提升政治能力。在孙中山的知难行易理论之中,我们可以发现传统儒家的思想印记。类似如宋儒朱子所论:"人性皆善,而觉有先后,后觉者必效先觉之所为,乃可以明善而复其初也。"①传统儒家尤其是宋明儒家以个体成德之深浅程度为标准,从而将个体划分为先知先觉、后知后觉和不知不觉者。在宋明理学家的理想中,普通民众在德行践履方面应仿效先知先觉者,而士人政府亦应吸纳先知先觉者为官执政,只有这样才有能达到社会教化与政治清明。孙中山借鉴传统儒家的道德践履模式,设想将国民党改组成为士人型政治组织。应予指出,与传统士人政治不同的是,在孙中山设计的共和政体中,国家主权归属于人民,改组之后的国民党只在训政时期为民众代行治权,而当普通民众具备相应的政治能力之后,国民政府需将统治权力归还民众。需要指出的是,20世纪二十年代后期以后,国民党假借知难行易学说厉行一党独裁,其实有悖孙中山还政于民的初衷,我们对此应予以分辨与批判。

---

① 朱熹:《四书章句集注》,中华书局,1983年,第47页。

# 结论:儒家与共和的潜在互动空间

　　辛亥革命终结了传统帝制,共和政体在近代中国由此确立。随着君主政体的解体,传统儒学的现代命运变得晦暗而扑朔。关于传统儒学与近代共和政治的关系,历史学、政治学与哲学史等领域出现诸多经典研究范式。其中,启蒙现代主义学术范式影响深远,可进一步分析为互斥论与相维论的分野。互斥论以 20 世纪初的全盘反传统主义为代表,认为传统儒学是君主政体的护符,因而巩固共和的必要条件在于,以现代西学祛除时人思想之中残存的儒家观念。相维论则以其后兴起的文化保守主义为典型,认为儒学精神与西方现代民主具有相通之处,因而经由启蒙主义改造的现代儒学可以转化为共和政治的文化基底。20 世纪 90 年代以后,随着传统文化复兴和儒学研究的深化,保守古典主义研究范式兴起,基于古典儒学反思现代政治,并从诸多层面探究儒家再制度化的可行方案。① 两类范式虽有诸多分歧,但亦存在相通之处,双方立论的前提预设均在于,认为共和转型导致古今中国之间出现深刻的政治与学术断裂。

　　断裂论的研究预设虽然能够揭示中国政治的古今之变,但是其中存在

---

　　① 关于儒学的再制度化,代表性理论如蒋庆提出的议会三院制方案。参见蒋庆:《再论政治儒学》,华东师范大学出版社,2011 年,第 102~123 页。

着深刻的理论和现实困境。由于设定中国传统政制的无价值性乃至负价值性,因而启蒙现代论者时常陷入移植他国政制的模仿式政治转型迷思。古典论者虽能对此有所纠偏,但是古今断裂论加深了复兴传统的焦虑感,导致其所构思的儒家再制度化方案往往诉诸通盘重构,时常陷入以激进为保守的现实悖论。因此,有必要穿越断裂论的视域盲区,构建古今中国政学连续论视域。

长久以来,由于受到 20 世纪初全盘反传统主义思潮影响,儒家与共和往往被认为是相互排斥的。就研究议题而论,本书重在从正向立论,意图揭示清末民初儒家传统与共和政治之间存在的深层互动关系。概念界定方面,儒家传统主要指中国传统秩序之中特定的政学结构,而共和政治则主要指政体层面。关于儒家传统与共和政治关系的探讨,其中包含对于儒家传统与君主政体关系的再思。其实,就观念深层而言,儒家传统不仅难为君主立宪提供证成,反而与之互斥。就此而论,儒家传统之于近代中国政体转型,尤其是对于共和国体的落成与巩固,其发挥的更多是促进作用,而非阻碍作用。

如果我们将共和的内涵由狭义的政体层面推扩至广义的秩序层面,那么儒家与共和的关系则会呈现更加复杂的潜在互动态势。狭义共和主要是指政治制度,而广义共和则主要是指公民人文主义政治传统。20 世纪 50 年代以后,英美思想史研究领域"剑桥学派"兴起,这一学派代表人物邓恩、斯金纳与波考克等,基于语境研究方法还原出西方自古希腊经由古罗马、文艺复兴、英格兰光荣革命、美国建国以及法国大革命的共和主义政治传统。由此拓宽了共和传统的理论视域,尤其揭示分别以古希腊亚里士多德与古罗马西塞罗为代表的古典共和主义传统。当代西方共和主义的兴起并非仅为学理创新,而是意图超越自由主义的理论局限,疗治当代西方现代社会存在的诸多困境。具体到本书论题,儒家传统与公民人文共和主义虽然同样强调美德之于政治的重要作用,然而两大学术思想传统存在很大分野,突出表现为关于政治概念的理解方面。

作为古典共和主义传统的思想渊源,亚里士多德认为:"家务管理由一个君主式的家长掌握,各家家长以君臣形式统率其附从的家属;至于政治家所执掌的则为平等的自由人之间所付托的权威。"①古典共和主义将政治理解成为公民联合而成的政治共同体,而政治意味对家族的超越。儒家传统则与之风格迥异,将宗族作为构建良善政治秩序的始基。孔子认为:"书云:'孝乎惟孝,友于兄弟,施于有政。'是亦为政,奚其为为政?"(《论语·为政》)他在此引述《尚书》,提出子对父之孝与兄弟之悌是为政的题中之义。可以看出,古典共和主义将公共领域与私人领域加以二元区分,将家族归于私人领域。相比之下,传统儒家认为宗族场域蕴含公共潜能。20 世纪初,梁启超最早意识到儒家之于现代国家建构可能存在的理论短板,他在《新民说》中指出:"若中国之五伦,则惟于家族伦理稍为完整,至社会、国家伦理,不备滋多,此缺憾之必当补者也。皆由重私德、轻公德所生之结果也。"②五伦在此是指儒家传统德行之中的父子、兄弟、夫妇、朋友和君臣。梁启超倡导完善公民的社会伦理与国家伦理进而补足儒家伦理在培育现代国民的短板。在此,问题的复杂之处在于如何调试古典共和与儒家传统关于政治概念理解的分歧,尤其是两大政治传统关于家族的政治作用及公私关系的理论分野,在现代政治中接引儒家传统深厚的齐家政治理论资源。

基于清末民初儒家与共和互动的曲折展开历程,本书在此对儒家与共和的潜在互动空间略做展开。在政体层面,士人政治解体,儒家不再作为官学,而是复归诸子学形态,挑战与机遇并存。儒家经世传统深刻影响着现代

---

① [古希腊]亚里士多德:《政治学》,吴寿彭译,商务印书馆,1983 年,第 19 页。
② 梁启超:《论公德》,《新民说》,《饮冰室专集之四》,中华书局,2010 年,第 12~13 页。

知识阶层的理论与行动品格,并对民国时期政治变迁产生深刻塑造作用。新文化运动时期,文化保守主义兴起,经由现代精神洗练的新儒学逐渐复苏。虽然在内容上乏有关于儒学政制转型之思考,但是就形式而言,现代新儒家的经世精神主要体现为学人参议政治,依托近代政党制度展开。在社会层面,传统儒学的经世精神主要指向政治场域。而随着近代以来工商资本领域的发展,儒商阶层活跃,他们经营工商产业,发展民族经济,同时对资本的无限度扩张加以节制,和平时期正德利用,非常时期则毁家纾国。区别于现代社会的结构功能主义,儒家理念内涵共同体主义品格,提倡家风家教、礼俗相维与社会文教,体现为宗族、乡约、书院等社会建制,因而蕴含着巨大的再制度化潜能,能够增进社会资本,并可与现代社会组织形成功能互补,从而可为现代政治固本强基。时至今日,儒家传统与共和政治的相互塑造进程方兴未艾。儒家与共和的良善互动将为当代中国政治发展提供深厚的历史文化根基。

# 参考文献

## 一、历史文献

1. 班固:《汉书》,颜师古注,中华书局,1962 年。

2. 蔡尚思、方行编:《谭嗣同全集》(增订本),中华书局,1981 年。

3. 曾国藩:《曾文正公全集》,中国书店,2011 年。

4. 陈宝箴:《陈宝箴集》,汪叔子、张求会编,中华书局,2003 年。

5. 陈焕章:《孔教经世法》,上海书店出版社,2016 年。

6. 陈澧:《陈澧集》(共六册),上海古籍出版社,2008 年。

7. 陈铮编:《黄遵宪全集》(上、下册),中华书局,2005 年。

8. 程颐、程颢:《二程集》,中华书局,2004 年。

9. 故宫博物院明清档案部编:《清末预备立宪档案资料》,中华书局,1979 年。

10. 郭庆藩:《庄子集解》,王孝鱼点校,中华书局,1961 年。

11. 韩愈:《韩昌黎文集校注》,马其昶校注,上海古籍出版社,1986 年。

12. 康有为:《康有为全集》(共十二册),中国人民大学出版社,2007 年。

13. 劳乃宣:《桐乡劳先生(乃宣)遗稿》,中国台湾文海出版社,1964 年。

14. 黎靖德编:《朱子语类》,王星贤点校,中华书局,1994 年。

15. 李鸿章:《李鸿章全集》(共三十九册),安徽教育出版社,2008 年。

16. 廖平:《廖平选集》(上、下册),巴蜀书社,1998 年。

17. 刘师培:《刘申叔遗书》(上、下册),江苏古籍出版社,1997 年。

18. 欧阳修:《新五代史》,中华书局,1974 年。

19. 皮锡瑞:《皮锡瑞全集》(共十二册),中华书局,2015 年。

20.《十三经注疏》整理委员会整理:《十三经注疏》,北京大学出版社,1999 年。

21. 司马迁:《史记》,裴骃集解,司马贞索隐,张守节正义,中华书局,1982 年。

22. 宋恕:《宋恕集》,胡珠生编,中华书局,1993 年。

23. 苏舆编:《翼教丛编》,上海书店出版社,2002 年。

24. 孙诒让:《墨子间诂》,孙启治点校,中华书局,2001 年。

25. 孙中山:《孙中山全集》(共十一卷),中华书局,2011 年。

26. 汪康年:《汪康年师友书札》(共四册),上海古籍出版社,1986 年。

27. 王夫之:《宋论》,中华书局,1964 年。

28. 王先谦:《荀子集解》,沈啸寰、王星贤点校,中华书局,1988 年。

29. 王先慎:《韩非子集解》,钟哲点校,中华书局,1998 年。

30. 吴光主编:《黄宗羲全集》,浙江古籍出版社,2005 年。

31. 吴光主编:《刘宗周全集》,浙江古籍出版社,2007 年。

32. 徐世昌:《清儒学案》(共八册),中华书局,2008 年。

33. 杨度:《杨度集》,湖南人民出版社,1986 年。

34. 袁世凯:《袁世凯全集》,河南大学出版社,2013 年。

35. 张謇:《张季子九录》,中国台湾文海出版社,1991 年。

36. 张之洞:《张之洞全集》,河北人民出版社,1998 年。

37. 章太炎:《章太炎全集》,上海人民出版社,2014 年。

38. 章学诚:《文史通义校注》(上、下册),中华书局,2014 年。

39. 朱杰人等编:《朱子全书》,上海古籍出版社、安徽教育出版社, 2002 年。

**二、研究论著**

1. 曾亦:《共和与君主:康有为晚期政治思想研究》,上海人民出版社, 2010 年。

2. 陈壁生:《经学的瓦解》,华东师范大学出版社,2014 年。

3. 陈壁生:《孝经学史》,华东师范大学出版社,2015 年。

4. 陈少明等:《被解释的传统:近代思想史新论》,中山大学出版社, 1985 年。

5. 陈伟:《阿伦特与政治的复归》,法律出版社,2008 年。

6. 陈锡祺主编:《孙中山年谱长编》(上、下册),中华书局,1991 年。

7. 党为:《美国新清史三十年》,上海人民出版社,2012 年。

8. 邓小南:《祖宗之法:北宋前期政治述略》(修订版),生活·读书·新知三联书店,2021 年。

9. 丁亚杰:《清末民初公羊学研究:皮锡瑞、廖平、康有为》,中国台湾万卷楼图书有限公司,2002 年。

10. 杜维明:《否极泰来:新轴心时代的儒家资源》,北京大学出版社, 2016 年。

11. 冯天瑜:《新语探源——中西日文化互动与近代汉字术语生成》,中华书局,2004 年。

12. 冯友兰:《中国哲学史》,中华书局,2014 年。

13. 干春松:《康有为与儒学的"新世"》,华东师范大学出版社,2015 年。

14. 干春松:《制度化儒家及其解体》(修订版),中国人民大学出版社, 2011 年。

15. 高奇琦:《比较政治学:学科、议题和方法》,上海人民出版社,2015 年。

16. 高全喜:《立宪时刻:论〈清帝逊位诏书〉》,广西师范大学出版社,2011 年。

17. 高瑞泉:《中国现代精神传统——中国的现代性观念谱系》(增补本),上海古籍出版社,2005 年。

18. 高旺:《晚清中国的政治转型》,中国社会科学出版社,2003 年。

19. 韩华:《民初孔教会与国教运动研究》,北京图书出版社,2007 年。

20. 贺麟:《文化与人生》,商务印书馆,2015 年。

21. 胡春惠编:《民国宪政运动》,中国台湾正中书局,1978 年。

22. 胡绳:《从鸦片战争到五四运动》,上海人民出版社,1982 年。

23. 黄克武:《一个被放弃的选择:梁启超调试思想之研究》,新星出版社,2006 年。

24. 黄明同等:《孙中山的儒学情结——中华文化的承传与超越》,社会科学文献出版社,2010 年。

25. 黄彰健:《戊戌变法史研究》,上海书店出版社,2007 年。

26. 蒋庆:《公羊学引论:儒家的政治智慧与历史信仰》(修订本),福建教育出版社,2014 年。

27. 蒋庆:《广论政治儒学》,东方出版社,2014 年。

28. 蒋廷黻:《中国近代史大纲》,东方出版社,1996 年。

29. 荆知仁:《中国立宪史》,中国台湾联经出版事业股份有限公司,1984 年。

30. 孔祥吉:《康有为变法奏议研究》,辽宁教育出版社,1988 年。

31. 李文海:《世纪之交的晚清社会》,中国人民大学出版社,1995 年。

32. 李细珠:《张之洞与清末新政研究》(增订版),中国社会科学出版社,

2015 年。

33. 林志宏:《民国乃敌国也:政治文化转型下的清遗民》,中华书局,2013 年。

34. 刘训练:《共和主义:从古典到当代》,人民出版社,2013 年。

35. 刘泽华:《中国古代政治思想史》,南开大学出版社,1992 年。

36. 陆胤:《政教存续与文教转型:近代学术史上的张之洞学人圈》,北京大学出版社,2015 年。

37. 罗志田:《权势转移:近代中国的思想、社会与学术》,湖北人民出版社,1999 年。

38. 茅海建:《从甲午到戊戌:康有为〈我史〉鉴注》,生活·读书·新知三联书店,2017 年。

39. 茅海建:《戊戌变法的另面:"张之洞档案"阅读笔记》,上海古籍出版社,2014。

40. 茅海建:《戊戌时期康有为、梁启超的思想》,生活·读书·新知三联书店,2021 年。

41. 蒙文通:《儒学五论》,广西师范大学出版社,2007 年。

42. 孟森:《孟森著作集》(共十本),中华书局,2006 年。

43. 孟森:《明清史讲义》,中华书局,1981 年。

44. 孟森:《心史丛刊》,中华书局,2006 年。

45. 牟宗三:《心体与性体》,上海古籍出版社,1999 年。

46. 牟宗三:《政道与治道》,广西师范大学出版社,2006 年。

47. 牛彤:《孙中山宪政思想研究》,华夏出版社,2003 年。

48. 彭春凌:《儒学转型与文化新命——以康有为、章太炎为中心(1898—1927)》,北京大学出版社,2014 年。

49. 钱穆:《国史大纲》(修订本)(上、下册),商务印书馆,1996 年。

50. 钱穆:《国史新论》,生活·读书·新知三联书店,2012 年。

51. 钱穆:《两汉经学今古文平议》,商务印书馆,2001 年。

52. 钱穆:《政学私言》,九州出版社,2011 年。

53. 钱穆:《中国近三百年学术史》,九州出版社,2011 年。

54. 钱穆:《中国历代政治得失》,生活·读书·新知三联书店,2012 年。

55. 钱穆:《中国学术思想史论丛》(全十册),九州出版社,2011 年。

56. 秦晖、金雁:《田园诗与狂想曲:关中模式与前近代社会的再认识》,语文出版社,2010 年。

57. 秦晖:《传统十论》,东方出版社,2014 年。

58. 瞿同祖:《中国法律与中国社会》,中国政法大学出版社,1999 年。

59. 任锋:《道统与治体:宪制会话的文明启示》,中央编译出版社,2014 年。

60. 任锋:《立国思想家与治体代兴》,中国社会科学出版社,2019 年。

61. 任剑涛:《建国之惑:留学精英与现代政治的误解》,中国政法大学出版社,2012 年。

62. 任文利:《治道的历史之维:明代政治世界中的儒家》,中央编译出版社,2014 年。

63. 桑兵:《孙中山的思想与活动》,北京师范大学出版社,2015 年。

64. 桑兵:《走进共和:日记所见政权更替时期亲历者的心路历程(1911—1912)》,北京师范大学出版社,2016 年。

65. 商衍鎏:《清代科举考试述录》,故宫出版社,2014 年。

66. 邵宇:《孙中山政党思想研究——从近代政党与国家建设关系的视角》,云南大学出版社,2010 年。

67. 石泉:《甲午战争前后之晚清政局》,生活·读书·新知三联书店,1997 年。

68. 宋仁主编:《梁启超政治法律思想研究》,学苑出版社,1990 年。

69. 谭安奎:《公共理性与民主理想》,生活·读书·新知三联书店,2016 年。

70. 谭宇权:《孙文思想评论》,中国台湾文津出版社,2002 年。

71. 汤志钧:《章太炎年谱长编》(上册),中华书局,1979 年。

72. 唐文明:《敷教在宽:康有为孔教论申论》,中国人民大学出版社,2012 年。

73. 汪荣祖:《从传统中求变——晚清思想史研究》,百花洲文艺出版社,2002 年。

74. 汪荣祖:《康章合论》,新星出版社,2006 年。

75. 王汎森:《权力的毛细管作用:清代的思想、学术与心态》,中国台湾联经出版事业股份有限公司,2013 年。

76. 王汎森:《章太炎的思想:兼论其对儒学思想的冲击》,上海人民出版社,2012 年。

77. 王人博:《宪政的中国之道》,山东人民出版社,2003 年。

78. 王人博:《中国近代的宪政思潮》,法律出版社,2003 年。

79. 王锐:《探索"良政":章太炎思想论集》,上海人民出版社,2020 年。

80. 王瑞来:《宰相故事:士大夫政治下的权力场》,中华书局,2010 年。

81. 王玉华:《多元视野与传统的合理化:章太炎思想的阐释》,中国社会科学出版社,2004 年。

82. 吴虬:《北洋派之起源及其崩溃》,中华书局,2007 年。

83. 萧高彦:《西方共和主义思想史论》,商务印书馆,2016 年。

84. 萧功秦:《儒家文化的困境:近代士大夫与中西文化碰撞》,四川人民出版社,1986 年。

85. 萧功秦:《危机中的变革:清代现代化进程中的激进与保守》,上海三联书店,1999 年。

86. 萧公权:《近代中国与新世界:康有为变法与大同思想研究》,江苏人民出版社,1997 年。

87. 萧公权:《康有为思想研究》,中国人民大学出版社,2014 年。

88. 萧公权:《翁同龢与戊戌维新》,中国人民大学出版社,2014 年。

89. 熊月之:《西学东渐与晚清社会》(修订版),中国人民大学出版社,2011 年。

90. 闫润鱼:《观念的调适——民主、自由、科学在近代中国》,中国言实出版社,2004 年。

91. 闫润鱼:《自由主义与近代中国》,新星出版社,2007 年。

92. 严泉:《民国初年的国会政治》,新星出版社,2014 年。

93. 阎步克:《士大夫政治演生史稿》,北京大学出版社,1996 年。

94. 杨光斌、曾毅:《政体新论:破解民主—非民主二元政体观的迷思》,中国社会科学出版社,2015 年。

95. 杨光斌:《中国政治认识论》,中国社会科学出版社,2018 年。

96. 杨鸿烈:《中国法律思想史》,中国政法大学出版社,2004 年。

97. 杨念群:《何处是"江南"?:清朝正统观的确立与士林精神世界的变异》,生活·读书·新知三联书店,2010 年。

98. 杨启樵:《雍正帝及其密折制度研究》(增订本),岳麓书社,2014 年。

99. 姚中秋:《现代中国的立国之道:以张君劢为中心》,法律出版社,2010 年。

100. 余英时:《现代儒学的回顾与展望》,生活·读书·新知三联书店,2012 年。

101. 余英时:《现代危机与思想人物》,生活·读书·新知三联书店,2012 年。

102. 余英时:《朱熹的历史世界》,生活·读书·新知三联书店,2012 年。

103. 虞云国:《宋代台谏制度研究》,上海人民出版社,2014 年。

104. 张凤阳:《现代性的谱系》,江苏人民出版社,2012 年。

105. 张灏:《梁启超与中国思想的过渡(1890—1907)》,江苏人民出版社,1995 年。

106. 张灏:《危机中的中国知识分子:寻求秩序与意义》,新星出版社,2006 年。

107. 张灏:《幽暗意识与民主传统》,新星出版社,2006 年。

108. 张灏:《幽暗意识与时代探索》,广东人民出版社,2016 年。

109. 张君劢:《宪政之道》,清华大学出版社,2006 年。

110. 张鸣:《共和中的帝制:民国六年,中国社会的两难选择》,当代中国出版社,2014 年。

111. 张朋园:《立宪派与辛亥革命》,上海三联书店,2013 年。

112. 张朋园:《梁启超与民国政治》,上海三联书店,2013 年。

113. 张朋园:《梁启超与清季革命》,上海三联书店,2013 年。

114. 张朋园:《中国民主政治的困境:1909—1949 晚清以来历届议会选举述论》,上海三联书店,2013 年。

115. 张祥龙:《家与孝:从中西间视野看》,生活·读书·新知三联书店,2017 年。

116. 张祥龙:《拒秦兴汉和应对佛教的儒家哲学》,广西师范大学出版社,2012 年。

117. 张玉法:《清季的革命团体》,北京大学出版社,2011 年。

118. 张玉法:《清季的立宪团体》,北京大学出版社,2011 年。

119. 张昭军:《儒学近代之境:章太炎儒学思想研究》,社会科学文献出版社,2002 年。

120. 张昭军:《晚清民初的理学与经学》,商务印书馆,2007 年。

121. 章开沅:《离异与回归:传统文化与近代化关系试析》(增订版),中国人民大学出版社,2010 年。

122. 章永乐:《旧邦新造:1911—1917》(第二版),北京大学出版社,2016 年。

123. 赵明:《近代中国的自然权利观》,山东人民出版社,2003 年。

124. 郑匡民:《梁启超启蒙思想的东学背景》,上海书店出版社,2003 年。

## 三、中文论文

1. 陈壁生:《"孔子"形象的现代转折——章太炎的孔子观》,《中国哲学史》,2015 年第 2 期。

2. 陈壁生:《国家转型与经学瓦解》,《文化纵横》,2013 年第 6 期。

3. 陈壁生:《清末民初的经学与建国》,《政治思想史》,2013 年第 4 期。

4. 陈壁生:《晚清的经学革命——以康有为〈春秋〉学为例》,《哲学动态》,2017 年第 12 期。

5. 陈壁生:《章太炎的"新经学"》,《中国哲学史》,2013 年第 2 期。

6. 陈壁生:《朱一新与被遮蔽的思想传统》,《读书》,2012 年第 6 期。

7. 陈少明:《"心外无物"——从存在论到意义建构》,《中国社会科学》,2014 年第 1 期。

8. 陈伟:《试论西方古典共和主义政治哲学的基本理念》,《复旦学报》(社会科学版),2004 年第 5 期。

9. 戴逸:《从大清史角度看待刘铭传保台建台的意义》,《学术界》,2006 年第 1 期。

10. 李宏图:《语境·概念·修辞——昆廷·斯金纳与思想史研究》,《世界历史》,2005 年第 4 期。

11. 李敬峰：《阮元的心性论及其对汉、宋学的调和》，《哲学研究》，2016年第9期。

12. 李明辉：《朱子对"道心"、"人心"的诠释》，《湖南大学学报》（社会科学版），2008年第1期。

13. 刘擎：《反思共和主义的复兴：一个批判性的考察》，《学术界》，2006年第4期。

14. 彭斌：《共和主义的权力理念分析》，《南京社会科学》，2013年第11期。

15. 秦际明：《"三纲"之争与儒家的现代命运——以方朝晖、李存山的争论为中心》，《天府新论》，2014年第1期。

16. 任锋：《大一统与政治秩序的基源性问题：钱穆历史思维的理论启示》，《人文杂志》，2021年第8期。

17. 任锋：《人民主权与儒学的公共精神》，《文化纵横》，2012年第1期。

18. 任锋：《天理、治体与国势：现代变迁中的儒家传统》，《文化纵横》，2014年第1期。

19. 任锋：《宪政儒学的传统启示》，《开放时代》，2011年第6期。

20. 任锋：《新启蒙主义政治学及其异议者》，《学海》，2015年第5期。

21. 任锋：《政教相维下的"兼体分用"：儒家与中国传统的文教政治》，《学海》，2014年第5期。

22. 任锋：《治体论的思想传统与现代启示》，《政治学研究》，2019年第5期。

23. 任锋：《重审"问题与主义"之争》，《读书》，2015年第5期。

24. 任剑涛：《论积极公民——共和主义与自由主义的公民定位分析》，《武汉大学学报》（哲学社会科学版），2014年第1期。

25. 任文利：《明专制政体下儒家士大夫的宪政理念和行宪努力：从刘宗

周的末世谏诤看》,《天府新论》,2013 年第 4 期。

26. 唐文明:《摆脱秦政:走向共和的内在理由》,《文史哲》,2018 年第 4 期。

27. 许纪霖:《作为国族的中华民族何时形成》,《文史哲》,2013 年第 3 期。

28. 闫润鱼:《构建现代民主国家的"最低限度"目标——基于中国近代政治思想史的考察》,《教学与研究》,2012 年第 12 期。

29. 闫润鱼:《论中国近代启蒙运动的历史规定性》,《中国人民大学学报》,2006 年第 2 期。

30. 闫润鱼:《学术史视野下的近世反孔运动研究》,《中国人民大学学报》,2013 年第 4 期。

31. 闫润鱼:《由"重民"向"改造国民性"思潮演化的政治学分析》,《教学与研究》,2004 年第 5 期。

32. 杨光斌:《早发达国家的政治发展次序问题》,《学海》,2010 年第 2 期。

33. 姚大志:《佩蒂特与当代共和主义》,《江苏行政学院学报》,2015 年第 4 期。

34. 张凤阳:《共和传统的历史叙事》,《中国社会科学》,2008 年第 4 期。

35. 张舒:《近代中国思想中的政体简化论与古史叙事》,《学海》,2017 年第 3 期。

36. 张舒:《论钱穆的宋学观与清代学术研究的互动关联》,《政治思想史》2015 年第 4 期。

四、中文译著

1. [美]C. H. 麦基文:《宪政古今》,翟小波译,贵州人民出版社,2004 年。

2.［英］J.G.A.波考克：《德行、商业和历史：18世纪政治思想与历史论辑》，冯克利译，生活·读书·新知三联书店，2012年。

3.［英］J.G.A.波考克：《马基雅维里时刻：佛罗伦萨政治思想和大西洋共和主义传统》，冯克利、傅乾译，译林出版社，2013年。

4.［英］埃里克·霍布斯鲍姆：《民族与民族主义》，李金梅译，上海世纪出版集团，2006年。

5.［美］本杰明·史华慈：《寻求富强：严复与西方》，叶凤美译，江苏人民出版社，1990年。

6.［美］本杰明·史华慈：《中国古代的思想世界》，程钢译，江苏人民出版社，2004年。

7.［古罗马］波利比阿：《罗马帝国的崛起》，翁嘉声译，社会科学文献出版社，2013年。

8.［英］布伦达·刘易斯：《君主制的历史》，荣予、方力维译，生活·读书·新知三联书店，2016年。

9.［美］查尔斯·霍华德·麦基文：《美国革命的宪法观》，田飞龙译，北京大学出版社，2014年。

10.［美］狄百瑞：《儒家的困境》，黄水婴译，北京大学出版社，2009年。

11.［美］狄百瑞：《中国的自由传统》，李弘祺译，贵州人民出版社，2009年。

12.［日］渡边浩：《东亚的王权与思想》，区建英译，上海古籍出版社，2016年。

13.［英］厄内斯特·盖尔纳：《民族与民族主义》，韩红译，中央编译出版社，2002年。

14.［美］费正清：《剑桥中国晚清史》，中国社会科学出版社，1993年。

15.［美］费正清：《美国与中国》，商务印书馆，1971年。

16. ［英］芬纳：《统治史》，马百亮、王震译，华东师范大学出版社，2010 年。

17. ［美］弗朗西斯·福山：《历史的终结与最后的人》，陈高华译，广西师范大学出版社，2015 年。

18. ［美］弗朗西斯·福山：《政治秩序与政治衰败：从工业革命到民主全球化》，毛俊杰译，广西师范大学出版社，2015 年。

19. ［日］沟口雄三：《中国前近代思想的屈折与展开》，龚颖译，生活·读书·新知三联书店，2011 年。

20. ［日］沟口雄三：《中国思想史（宋代至近代）》，龚颖等译，生活·读书·新知三联书店，2014 年。

21. ［美］汉密尔顿、杰伊、麦迪逊：《联邦党人文集》，程逢如、在汉、舒逊译，商务印书馆，2013 年。

22. ［美］汉娜·阿伦特，《论革命》，陈周旺译，译林出版社，2011 年。

23. ［美］汉娜·阿伦特：《共和的危机》，郑辟瑞译，上海人民出版社，2013 年。

24. ［美］孔飞力：《叫魂：1768 年中国妖术大恐慌》，陈兼、刘昶译，上海三联书店，2014 年。

25. ［美］孔飞力：《中国现代国家的起源》，陈兼、陈之宏译，生活·读书·新知三联书店，2013 年。

26. ［英］昆廷·斯金纳：《近代政治思想的基础》（上、下卷），奚瑞森、亚方译，商务印书馆，2002 年。

27. ［美］列奥·斯特劳斯、约瑟夫·克罗波西编：《政治哲学史》（第 3 版），李洪润等译，法律出版社，2009 年。

28. ［美］林毓生：《中国意识的危机："五四"时期激烈的反传统主义》，穆善培译，贵州人民出版社，1988 年。

29. [法] 卢梭:《爱弥儿:论教育》,李平沤译,商务印书馆,1978年。

30. [法] 卢梭:《社会契约论》,何兆武译,商务印书馆,2009年。

31. [德] 马克斯·韦伯:《中国的宗教:儒教与道教》,康乐、简惠美译,广西师范大学出版社,2010年。

32. [法] 孟德斯鸠:《论法的精神》(上、下卷),许明龙译,商务印书馆,2012年。

33. [美] 墨子刻:《摆脱困境:新儒学与中国政治文化的演进》,颜世安等译,江苏人民出版社,1996年。

34. [美] 尼尔·J. 斯梅尔赛:《社会科学的比较方法》,王宏周、张平平译,社会科学文献出版社,1992年。

35. [美] 塞缪尔·P. 亨廷顿:《变化社会中的政治秩序》,王冠华译,上海人民出版社,2008年。

36. [法] 托克维尔:《论美国的民主》(上、下卷),董果良译,商务印书馆,2008年。

37. [日] 丸山真男:《日本的思想》,区建英、刘岳兵译,生活·读书·新知三联书店,2009年。

38. [美] 文森特·奥斯特罗姆:《复合共和制的政治理论》,毛寿龙译,上海三联书店,1999年。

39. [古希腊] 亚里士多德:《政治学》,吴寿彭译,商务印书馆,1983年。

40. [英] 约翰·密尔:《代议制政府》,汪瑄译,商务印书馆,1982年。

41. [美] 约瑟夫·列文森:《儒教中国及其现代命运》,郑大华、任菁译,中国社会科学出版社,2000年。

## 五、英文文献

1. Bays, Daniel H., *China Enters the Twentieth Century : Chang Chih - tung*

*and the Issues of a New Age*, *1895 - 1909*, University of Michigan Press, 1978.

2. Beatrice Bartlett, *Monarchs and Ministers: The Grand Council in Mid - Ch'ing China*, *1723 - 1820*, University of California Press, 1991.

3. Ch'en, Jerome, *Yuan Shih - k'ai.*, Stanford University Press, 1972.

4. De. Bary William Theodore, *Learning for Oneself: Essays on the Individual in Neo - Confucian Thought*, Columbia University Press, 1991.

5. Esherick, Joseph, *Reform and Revolution in China: the 1911 Revolution in Hunan and Hubei*, University of California Press, 1976.

6. Finley, M. I., *Politics in Ancient World*, Cambridge University Press, 1983.

7. Gray, Jack, *Rebellions and Revolutions: China from the 1800s to the 1980s*, Oxford University Press, 1990.

8. Greg Weiner, *Madison's Metronome: The Constitution, Majority Rule, and the Tempo of American Politics*, University Press of Kansas, 2012.

9. Huang, Pei. *Autocracy at work: A study of the Yung - cheng Period, 1723 - 1735*, Indiana University Press, 1974.

10. Hucker, Charles O., *China's Imperial Past: An Introduction to Chinese History and Culture*, Satanford University Press, 1975.

11. Kessler, Lawrence D., *K'anghsi and the Consolidation of Ch'ing Rule, 1661 - 1684*, University of Chicago Press, 1976.

12. Ku, Hung - ting., *The Grand Secretarial in Ch'ing China: A chronological List*, Chinese Materials Center, 1980.

13. Mark Elvin, *The Pattern of the Chinese Past*, Stanford University Press, 1973.

14. Mark, Elliott, *The Manchu Way: The Eight banners and Ethnic Identity*

*in Late Imperial China*, Stanford University Press, 2001.

15. McIlwain, Charles Howard, *The American Revolution: A Constitutional Interpretation*, Cornell University Press, 1958.

16. Pettit, Philip, *Republicanism: A Theory of Freedom and Government*, Clarendon Press, 1997.

17. Pocock, J. G. A., *Politics, Language & Time: Essays on Political Thought and History*, University of Chicago Press, 1989.

18. Shklar, Judith, *Men and Citizens: A Study of Rousseau's Social Theory*, Cambridge University Press, 1985.

19. Simmons, John, *MoralPrinciples and Political Obligations*, Princeton University Press, 1981.

20. Vohra, Ranbir, *China's Path to Modernization: A Historical Review from 1800 to the Present*, Englewood Cliffs, Prentice – Hall, 1987.

21. Wood, Neal, *Cicero's Social and Political Thought*, University of California Press, 1988.

22. Zarrow, Peter Gue, *After Empire: The Conceptual Transformation of the Chinese State, 1885 – 1924*, Stanford University Press, 2012.

# 后　记

本书是在我的博士论文基础上修改而成的。2012 年我考取中国人民大学政治学系研究生，师从任锋教授、闫润鱼教授，研习中国政治思想史，毕业后赴天津师范大学政治与行政学院任教。当书稿即将付梓出版之时，我恍然意识到，它正好可以作为我涉足这一领域第一个十年的一个纪念，并作为一份礼物送给我的恩师。

本书以儒家传统的现代命运为关切，这一选题缘于自己的求学经历与生活体验。十余年来我反复研读美国学者列文森的《儒教中国及其现代命运》这部学术巨作。作为莫扎特式的思想史家，列文森以韦伯的理性化为分析视角，钩沉出儒家传统的现代命运，书中诸多深刻而又充满困结式的论题至今仍萦绕我心。列文森绵密而又深富诗意的语句，展现出的却是儒家传统在近代经历的宿命般悲歌。我深切折服于列文森的学术才华，亦为他的诸多精微论断感到震撼。然而我却难以认同他对儒家传统的悲观论定。

雅斯贝尔斯关于轴心时代的深刻揭示，引领着我对于孔子儒学的无限好奇、困惑与求索，更遐思苏格拉底、释迦牟尼与孔子之间关于人之存在的风格互异的超凡理解与深层会话。就我对于儒家经典的阅读经历而言，古籍之中记载的历代大儒气象，虽不能至，然却心向往之。诗书礼乐易春秋的笃实精微,孔子发愤忘食、乐以忘忧的艺境,孟子舍我其谁的气魄,淳于越儒者不颂秦皇的守约,董仲舒正谊明道的恪守,范仲淹天下己任的担当,胡瑗明体达用的教诲,朱熹居敬穷理的精微,王阳明知行合一的能动,顾炎武行己有耻的坚卓……经纶天下之儒学何以在近代百年之间化为陈迹,宿命仿佛的命运令人更增苍凉悲怆之感。因而论文的写作过程,更似基于对晚清近代儒学的研读求索,进而与列文森之间开启穿越时空的学理对话。

外在的学理迷思经由自己日常的生活体验逐渐内化于心。我时常反复翻看几部经典的电视剧自娱,《大宅门》中女主白文氏重振家业时的惨淡经营,《闯关东》里朱氏一家辗转迁徙时的顽强坚韧,这些影像时刻萦绕我心,使我不禁为国人的齐家技艺慷慨击节。我成长在吉林省长白山区的一个工人家庭,童年时代,时常听祖父谈及家史,那时得知,自己的家史虽然不如电视剧《闯关东》那样深富戏剧性,但是可以遥想,20世纪初叶,与许许多多闯关东的普通家庭一样,先高祖父与高祖母(祖父的祖父与祖母)携着他们两个年幼的男孩从山东半岛北部举家迁徙到东北松辽平原苦寒之地,其间注定历经诸多波折与艰险。先高祖父留下的家庭,经过五个世代百余年来的繁衍生息,至今已成长为枝繁叶茂、人丁兴旺的大家族。

忆昔少儿时节,身处20世纪90年代末的东北吉林,适逢市场深化改革与企业转型重组时期,在那个时候,"下岗"的隐忧笼罩着许多工薪家庭,我家亦在其中。然而生活的艰辛却更能促进家人的团结与凝聚。已然时隔二十余年,我仍能清晰记得,祖父张绪成公操劳家事时的辛勤劳苦,他为了省下一些生活开销而十年不增添一件新棉衣,但是即便如此,祖父为我买糖果零食时却从来不会吝惜花销。那时的我虽然年幼朦胧,但是从祖父的眼神之中,我逐渐意识到他对长孙的疼爱与期盼,逐渐读懂他对家庭的守护与担当。我依然清晰记得,我童年的所有周末及寒暑假期都会在外祖父家度过。

在那些简单快乐的日子里,外祖父李景波公或带我爬山远眺,或带我下棋游戏,或带我识读地图,或为我讲述古史。祖父与外祖父坚韧乐观的性格深刻塑造着我的成长历程。祖母家里,每年除夕之时家人团聚时的其乐融融;中学时代,外祖母对我的生活无微不至的照顾与呵护。家人的健康安泰是我这个离家千里之外的游子努力求学的定心丸。

自己少年时代的家庭记忆,虽然平淡而艰辛,但是却充满温馨与快乐。因此,童年的记忆与求学的经历相互共振,使得共和儒学成为我学思历程矢志探索的枢轴议题。当然,如果说,我的生活体验服务于我的学思,毋宁说,我的求学过程内化在我的生活经历之中。

时光如梭,距离博士论文成稿已有5年。自己已过而立之年。随着教学科研的推进,在继续研习近代思想家经典文本的过程中,加深了我对研究主题的认识与理解。因而本书稿对博士论文予以较大调整,尤其是对康有为与章太炎相关部分进行大幅度订补。在修订书稿的过程中,自己对康有为、梁启超、张之洞、章太炎与钱穆等近代思想巨擘加以研习,每每读之,愈发感觉仰之弥高、钻之弥坚。而关于儒家与共和这一论域,更常有望洋向若之叹。虽然全力以赴,但由于本人能力和水平有限,书中难免会有疏漏之处,诚望学界同仁批评指教。更盼在今后教学研究中,将对共和儒学有更多的研究与体悟,继续写入本书的增订书稿之中。

感谢我的父亲和母亲,感谢他们含辛茹苦将我养大。我在求学与工作期间一直离家在外,作为他们唯一的孩子,自己十余年不能在他们身边尽孝,每念及此,难以抑制感愧。我在研究生期间所能获得的微薄补助难以维持日常开销,所以父亲与母亲一直在背后默默地理解我、支持着我。虽然他们很难了解本部书稿研究旨要,但是我仍希望将此篇书稿献给他们,唯愿他们健康快乐。他们的支持构成我前行的动力,唯愿家和万事兴。感谢我的妻子孙超,她对我的理解支持及对家务的辛劳经营是我专注教研的心灵慰藉,唯愿她健康快乐。家人的支持是我蹒跚前行的强大动力,而已过而立之年的我却暂时难以回报万一,掩卷长思,黯然感愧。自己只有倍加砥砺,潜心为学,不为空泛之文,不发媚时之论。不过,令我倍感欣慰的是,在繁华京城求学辗转十年,我最终可以遇见以及从事自己喜欢的志业,我的这本专著亦是自己乐在其中的研究主题。唯愿潜心教研,以学术为志业。

感谢我的母校中国青年政治学院的各位老师,难忘四年大学生活的简单快乐,当母校已成为中国社会科学院大学之时,衷心祝福母校能够更上层楼。感谢我的另一所母校中国人民大学,五年的硕博研究生学习生活快乐而充实,在这里我收获了师友、家庭与事业。

感谢天津师范大学政治与行政学院领导为学科建设、为营造良好的教学和科研环境所做的一切。感谢学院的各位同事,我们近年来的信息交流、观点切磋等,都是我学术进步不可或缺的动力。

感谢任锋、闫润鱼、杨光斌、任剑涛、周枫、姚中秋、王续添、刘训练、陈壁生等各位老师的教诲与培养,在此向各位老师表达我最崇高的敬意。他们的指导与支持,引领着我的学思历程和学术成长,使我受益匪浅。感谢各位朋友的支持与帮助:丛伟、闫恒、苏鹏辉、秦际明、顾家宁、袁超、黄晨、卫知唤、莫盛凯、薛祥、郑荃文、罗鸿、胡云、王搏、金昱彤,以及所有关注我、支持我的朋友们,祝福各位老师、同事和朋友幸福快乐。在这部著作的编辑和出版过程中,得到天津人民出版社郑玥老师和佐拉老师的鼎立支持与帮助。在此,我谨向她们表示衷心的感谢!

特别要提及的是三位老师一直以来对我的教导与支持:感谢杨光斌教授,教诲指导之恩,感激之至;感谢导师闫润鱼教授,讲学知遇之恩,感激之至;感谢导师任锋教授,传道授业之恩,感激之至。各位老师的亲炙与教导,构成我教学科研的学思源泉。唯愿将这部研究专著作为自己今后教学研究新的起点,心怀感恩之心,学为切己之学,为弘扬中华优秀传统文化、建设当代中国学术尽自己绵薄之力。朱子说:"观川流之不息兮,悟有本之无穷。"唯愿继续在此自由而荣耀的思想世界中泛舟习学。

张舒 壬寅年十一月初十

于天津市北辰区寓所